Un *guide,* c'est avant tout quelqu'un
qui sait et qui sait bien ce dont il parle.
Un *multiguide* offre ce même savoir
multiplié par une série d'approches.
L'*auteur* de chaque multiguide
a été choisi pour sa compétence
en un domaine bien précis.
L'information qu'il nous livre
est toujours la plus neuve
mais aussi la plus sérieuse.
Une connaissance vivante
est une connaissance en mouvement.
Un *multiguide,* c'est un livre d'action,
un livre vivant, un livre-outil.

L'univers inconnu des oiseaux

Gianfranco Bologna

Elsevier Séquoia Paris-Bruxelles

Le présent multiguide a été réalisé
avec la collaboration de :

Michel Cuisin
Attaché au Muséum National
d'Histoire Naturelle
pour la traduction française

Dominique Sabrier et *Claude Devroye*
pour la coordination générale

Pierre van Roemburg et *Bernard Fasbender*
pour la coordination technique

Studio Elsevier
pour la couverture

Edition originale : *Il mondo degli Uccelli*

Imprimé par Officine Grafiche A. Mondadori, Vérone.
ISBN 2-8003-0260-7
Dépôt légal : D/1978/0027/028

Sommaire

L'évolution	6
La structure	26
La biologie des oiseaux	98
L'écologie	180
Les oiseaux et l'homme	218
Classification	244
Index	252

L'évolution

A la conquête de l'espace

Les oiseaux sont des vertébrés couverts de plumes, dont les membres antérieurs sont transformés en ailes qui leur permettent de voler. Une adaptation très poussée à la locomotion aérienne a modifié la structure de leur organisme. Ils ont colonisé la Terre entière et on les trouve non seulement dans tous les paysages mais aussi sous toutes les latitudes à l'exception de ce que l'on appelle le « cœur » du continent antarctique. Tous les détails de leur morphologie et de leur anatomie contribuent à faciliter les déplacements dans l'espace. Les représentants de la classe des oiseaux sont capables de voler, à l'exception d'un petit nombre d'espèces étroitement adaptées les unes à la nage (manchots), les autres à la course (ratites).

L'évolution qui a conduit à l'apparition des oiseaux a probablement commencé il y a environ deux cents millions d'années. Les oiseaux dérivent des reptiles, dont ils conservent encore un certain nombre de caractéristiques, mais pour pouvoir voler il leur a fallu subir une série de transformations destinées à les adapter à leur nouveau genre de vie. C'est pourquoi il existe chez ces animaux une unité de structure qui en fait un ensemble très homo-

gène, à quelques exceptions près. Il est également évident que le succès des oiseaux, annoncé dès l'ère tertiaire, dépend directement de leur faculté de voler, car celle-ci leur permet d'évoluer dans tous les plans de l'espace aérien. La légèreté, l'aérodynamisme, la puissance et la possession d'un moteur sont, comme l'affirme l'ornithologiste Jean Dorst (1973), les conditions qui, réunies, permettent à ces animaux de se déplacer dans l'air.

Si l'on examine avec soin la structure d'un oiseau, on constatera en effet que ces conditions sont de véritables règles car tous les détails anatomiques ou physiologiques qui pourraient être préjudiciables à la légèreté ont été éliminés. Ainsi, les os sont à la fois robustes et légers, la plupart sont creux et n'ont pas de moelle chez les sujets adultes. La reproduction est de type ovipare (le développement d'un embryon à l'intérieur du corps se traduirait inévitablement par une augmentation de poids). Il n'y a pas de réserves nutritives (sauf chez certaines espèces à l'époque de la migration), etc. La forme du corps répond parfaitement aux exigences de l'aérodynamique, et il n'y a pas d'appendices externes inutiles. La forme du bec, de la tête, du cou, du corps, des ailes, des pattes facilite au maximum une progression rapide dans

▲ Colibri (*Calypte costae*)

l'espace, et les principaux organes internes sont concentrés près du centre de gravité. Ainsi le squelette, la musculature et le plumage, qui constituent aussi les plans de sustentation, remplissent entièrement les conditions requises pour une locomotion aérienne. Ajoutons que l'oiseau possède deux points d'appui qui interviennent au cours du vol ou des déplacements à terre. Dans le premier cas, les ailes et la cage thoracique facilitent la sustentation tandis que dans le second ce sont le bassin et les pattes qui soutiennent l'organisme. L'étude du fonctionnement des appareils circulatoire, respiratoire et digestif montre que le taux du métabolisme est très élevé ; ainsi, l'oiseau dispose toujours de l'énergie requise par son genre de vie.

La classe des oiseaux compte actuellement un peu plus de huit mille six cents espèces qui, malgré une unité de structure tout à fait remarquable, présentent néanmoins une grande diversité morphologique et biologique. C'est une des raisons pour lesquelles ce groupe d'animaux exerce un tel attrait. Les oiseaux ont en effet toujours suscité l'intérêt de l'homme. Leur variété ressortira de quelques exemples relatifs aux dimensions (longueur et

▲ Albatros hurleur (*Diomedea exulans*)

poids). L'ornithologiste Wilhelm Meise (*in* Grzimek, 1969) a donné quelques précisions à ce sujet. La longueur totale (mesurée depuis l'extrémité du bec jusqu'à celle des plus grandes plumes de la queue, l'oiseau étant allongé sur le dos) varie entre six centimètres pour une espèce de colibri et deux cent trente-cinq centimètres pour le paon ; elle atteint six mètres pour les coqs Phoenix (race d'ornement élevée sur l'île Shikok au Japon) ; et le champion possède une traîne de dix mètres quarante... La hauteur maximale en extension, calculée de la pointe du bec à l'extrémité inférieure des pattes, atteint trois mètres chez l'autruche (elle était voisine de quatre mètres chez les plus grands moas, oiseaux aujourd'hui éteints, qui vivaient en Nouvelle-Zélande il y a quelques milliers d'années). L'envergure (dimension séparant l'extrémité des deux ailes étendues au maximum) va de cinq centimètres chez un colibri (*Acestrura bombus*) à trois mètres quarante chez l'albatros hurleur (elle atteignait probablement cinq mètres chez un condor géant, *Teratornis incredibilis,* dont les restes ont été trouvés dans le Nevada, aux Etats-Unis). Enfin, le poids des jeunes oiseaux au moment où ils sortent de l'œuf est compris

▲ Autruche (*Struthio camelus*)

entre 0,19 gramme chez le même *Acestrurus bombus* et un kilo chez l'autruche. Il atteignait six kilos chez l'aepyornis de Madagascar, aujourd'hui disparu. Le poids d'un oiseau adulte varie entre 1,6 gramme (colibri) et cent quarante-quatre kilos (autruche). Celui du plus grand aepyornis était sans doute voisin de quatre cent cinquante kilos.

Et des millions d'années ont passé...

L'évolution est l'essence même de la vie : le monde vivant tel que nous le connaissons actuellement est le fruit d'une évolution qui a duré des millions d'années et a entraîné d'innombrables modifications chez toutes les espèces. Ces transformations ont affecté leur aspect, leur genre de vie et le rôle qu'elles tiennent dans leur milieu. De nombreuses espèces ont disparu au cours de ce processus naturel tandis que d'autres apparaissaient. L'évolution est un phénomène lent mais inéluctable, qui ne cesse jamais, même s'il n'est pas directement perceptible par l'homme. Du point de vue génétique, l'évolution peut être définie comme un changement dans la constitution génétique d'une population. Par population on entend un groupe d'organismes appartenant à la même espèce, vivant dans une région particulière et possédant des caractères typiques communs (Odum, 1973). La génétique moderne des populations permet de préciser cette définition : selon Wilson et Bossert (1974), l'évolution est un changement de la fréquence génique (variation de la fréquence d'un gène).

Dans l'histoire de la pensée humaine l'idée d'évolution a eu beaucoup de mal à s'imposer. Avant 1859 (année où fut publié le livre de Charles Robert Darwin intitulé *L'origine des espèces,* on croyait que le monde vivant n'avait pas changé depuis le moment où Dieu l'avait créé. Certains philosophes et savants avaient bien cherché — avec prudence toutefois, compte tenu de l'ambiance propre à l'époque où ils vivaient — à démolir ce dogme en avançant l'idée que les espèces vivantes dérivaient d'autres espèces à l'issue d'un processus évolutif, mais ce furent Charles Robert Darwin et Alfred Russel Wallace qui démontrèrent, preuves à l'appui, que l'évolution est une réalité. Ce faisant ils contribuèrent à ébranler progressivement l'idée de l'immutabilité des espèces. Les découvertes de fossiles et l'étude des populations vivantes jouèrent également un grand rôle et permirent aux thèses évolutionnistes de s'imposer.

Aujourd'hui, les progrès incessants des recherches biologiques ont fortement modifié et amélioré les conceptions de Darwin et de Wallace. L'évolution agit non pas sur un individu mais sur des populations entières. Une population est, rappelons-le, un groupe d'êtres vivants appartenant à la même espèce et qui échangent librement leur patrimoine génétique par le jeu de la reproduction. Les dimensions d'une population sont extrêmement variables : elle peut se composer de plusieurs petits groupes appelés « dèmes », occupant chacun un espace très restreint (par exemple le dessous d'une pierre ou une flaque d'eau pour des invertébrés), ou au contraire comprendre des ensembles plus importants répartis sur de très vastes surfaces. Les gènes sont les facteurs héréditaires dont sont porteurs les membres de la population, et leur réunion constitue ce que l'on appelle le patrimoine génétique commun.

Tout nouvel individu qui naît au sein de la population reçoit, par l'intermédiaire de ses parents, une série de gènes qui déterminent son aspect et son individualité. La fréquence génique reste fondamentalement la même d'une génération à l'autre sous réserve que certaines conditions soient respectées. D'une part en effet il ne faut pas que de nouveaux gènes apparaissent à la suite de mutations ou d'immissions. En second lieu, la reproduction doit être fortuite pour que chaque gène ait la même probabilité d'être transmis. Enfin, les individus qui ont des formules géniques différentes doivent avoir les mêmes chances de survie.

Ces conditions ne sont généralement pas respectées dans les populations naturelles, et la stabilité du patrimoine génétique est perturbée par le jeu des mutations, altérations qui se produisent au niveau des gènes et des chromosomes. Si les gènes mutants sont soumis à la pression de la sélection, leur fréquence augmentera dans la population.

D'autres modifications du patrimoine génétique se produisent quand la reproduction n'est pas le fait du hasard. On observe ceci dans différentes circonstances et par exemple quand une population a des effectifs extrêmement réduits. Dans ce cas en effet certains gènes sont perdus puisque le nombre des individus reproducteurs capables de s'accoupler est très faible (les spécialistes appellent ce phénomène «dérive génique»). L'isolement entraîne des conséquences analogues car l'échange de matériel génétique se produit dans le cadre d'une population privée de contacts avec ses voisines. Là encore la reproduction ne peut plus être due au hasard. En conclusion, la sélection naturelle est un puissant agent de l'évolution car elle favorise ceux qui ont la plus grande vitalité.

Lorsque les reptiles donnèrent naissance aux oiseaux...

Les modifications évolutives se produisent très lentement, et au cours de son existence un homme est dans l'impossibilité absolue d'observer des changements vraiment importants. En effet, ceux-ci comprennent une série de transformations progressives au cours desquelles le patrimoine génétique de la population et l'influence du milieu ambiant jouent un rôle capital. Pour avoir une petite idée des innombrables changements survenus au cours des diverses périodes géologiques avant l'apparition de l'homme sur la Terre, il faut s'en remettre à l'étude des fossiles, qui sont les témoignages du passé caché de notre planète.

Les fossiles sont les restes d'organismes qui vivaient jadis. Le plus souvent, ces débris ont été comprimés dans les roches et ont même été transformés directement en substance minérale. La fossilisation est un phénomène au cours duquel les parties les plus dures des animaux et des végétaux entrent en contact avec une substance molle, vase ou argile par exemple, qui se solidifie ultérieurement en conservant leur empreinte ou ces restes eux-mêmes. Alors qu'il est assez facile de trouver des ossements de mammifères ou des fragments de mollusques conchifères, les fossiles d'oiseaux sont extrêmement rares en raison de la relative fragilité du squelette de ces animaux. C'est pourquoi la tâche du paléontologiste spécialisé dans l'étude des oiseaux fossiles est particulièrement difficile. Les restes des oiseaux, généralement conservés dans des sédiments très fins, ont été soumis pendant des millions d'années à des pressions considérables et se sont presque transformés en roches. Ce processus extrêmement lent n'a pas modifié le matériel d'origine qui a été envahi ou remplacé par des éléments minéraux sans que sa forme soit vraiment altérée.

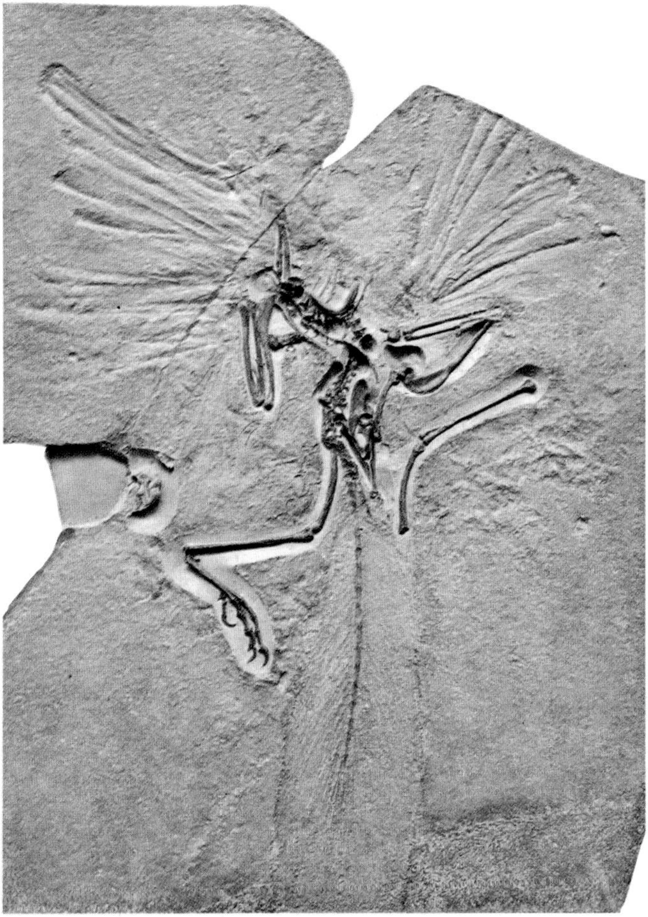

▲ *Archaeopteryx lithographica*

Selon l'ornithologiste Harrison, l'histoire de la classe des oiseaux a dû commencer entre deux cent vingt-cinq et cent quatre-vingts millions d'années avant notre époque, au cours de la période appelée ère tertiaire par les géologues. C'est durant ce laps de temps qu'eut lieu le processus à l'issue duquel des reptiles donnèrent naissance aux oiseaux.

Les oiseaux actuels conservent plusieurs caractères typiquement reptiliens, qui démontrent amplement cette parenté. Ainsi, leurs pattes et leurs doigts sont recouverts d'écailles cornées semblables à celles des reptiles. De même leurs griffes ressemblent à celles de ces animaux. Chez les oiseaux comme chez les reptiles, l'articulation du crâne avec la colonne vertébrale se fait par l'intermédiaire d'un seul condyle occipital situé sous la boîte crânienne (au contraire, chez les mammifères cette articulation comprend deux bosses osseuses, ce qui réduit considérablement la mobilité de la tête). Comme certains reptiles (les chéloniens et les chamaeleontidae), les oiseaux possèdent des sacs aériens qui prolongent les poumons. Les oiseaux et l'immense majorité des reptiles sont ovipares, c'est-à-dire se reproduisent en pondant des œufs, et chez les uns comme chez les autres les jeunes possèdent sur le museau ou le bec une excroissance appelée « diamant », qui leur sert à ouvrir la coquille de l'œuf. Enfin, tant chez les oiseaux que chez les reptiles, l'œil présente un élément particulier, le peigne, qui doit avoir pour fonction d'assurer la nutrition de la rétine car il est riche en vaisseaux sanguins.

Parmi les autres analogies citons encore la possession de globules rouges pourvus de noyaux, la similarité des protéines du sang, la quasi-absence de glandes cutanées, la présence d'un seul osselet dans l'oreille moyenne, l'articulation de la mâchoire inférieure avec le crâne par l'intermédiaire d'un os « carré » et enfin la structure du maxillaire inférieur formé par plusieurs os. Au XIXe siècle la découverte d'un fossile a permis de comprendre l'histoire de l'évolution des oiseaux car il s'agissait d'un chaînon intermédiaire essentiel entre eux et les reptiles. Ce fossile fut trouvé en 1861 à Solnhofen (Bavière).

▼ Reptile du trias (*Saltoposuchus*)

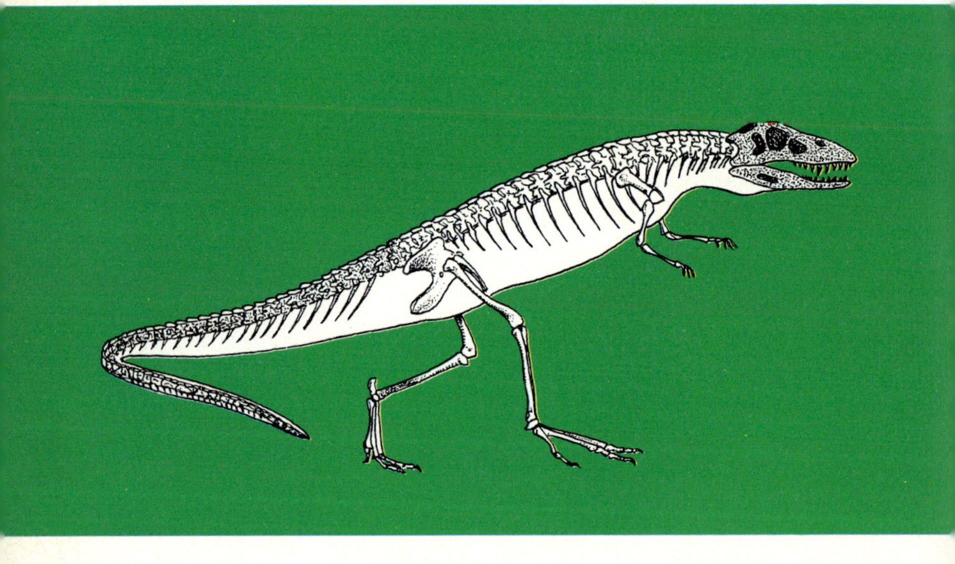

Il y a environ cent cinquante millions d'années, au jurassique (ère secondaire), l'emplacement de cette localité devait être occupé par une lagune riche en végétaux de grande taille qui s'accumulèrent dans la vase. Par la suite cette boue se transforma en un calcaire au grain très fin qui, à partir de 1800, fut taillé en plaques et employé pour l'impression lithographique. Pendant la période d'exploitation de la carrière on découvrit plusieurs fossiles d'animaux. A l'époque de leur mort ils avaient dû tomber dans la boue et cette circonstance avait facilité la conservation de leurs restes. L'oiseau dont le squelette fossilisé avait été trouvé à cet endroit fut appelé *Archaeopteryx lithographica* par un savant, et actuellement il est conservé au British Museum de Londres.

En 1877 on trouva un autre squelette à Blumenberg aux environs d'Eichstätt, localité située à une vingtaine de kilomètres de Solnhofen. Il figure dans les collections du muséum de Berlin. Puis un autre exemplaire fut encore extrait des carrières de Solnhofen en 1954 et enfin en 1970 un paléontologiste identifia dans les collections d'un musée de Haarlem (Pays-Bas) un autre oiseau fossile qui avait été étiqueté comme reptile et qui, par suite de cette erreur, était passé inaperçu. Au début, les paléontologistes pensèrent que ces restes appartenaient à deux espèces différentes, *Archaeopteryx lithographica* et *Archaeornis siemensi,* mais les recherches effectuées par la suite montrèrent qu'on avait affaire à une seule et même espèce, *Archaeopteryx lithographica.* Désormais, les savants possédaient un des maillons de l'évolu-

▼ *Archaeopteryx lithographica* ▼ oiseau actuel

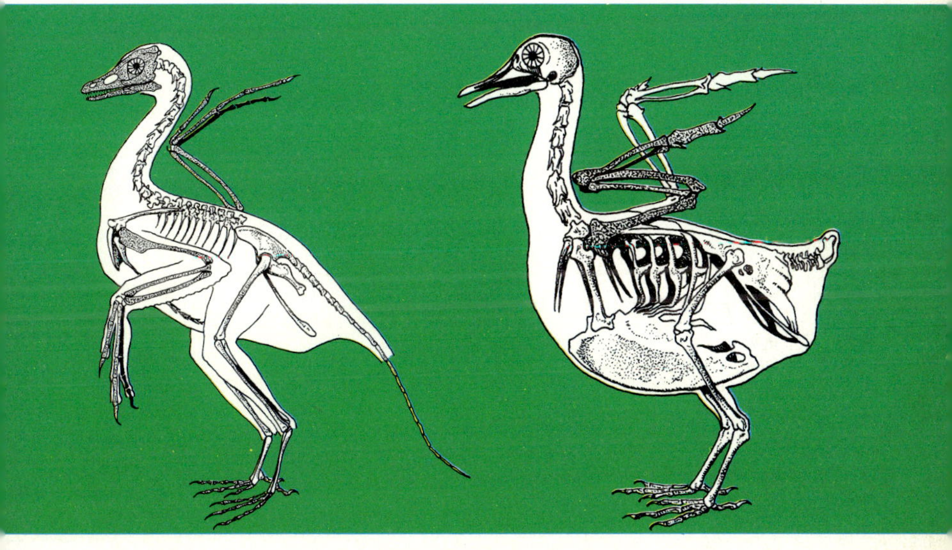

▲ *Ichthyornis* ▲ *Hesperornis*

tion qui avait conduit des reptiles aux oiseaux. En fait, ces derniers descendent de reptiles diapsidés (dont le crâne présente deux «fenêtres» au niveau des os temporaux). Chez l'*Archaeopteryx* le crâne est encorc semblable à celui de ces animaux mais les membres supérieurs sont presque des ailes, assez courtes et munies de trois doigts libres. L'*Archaeopteryx* possède des plumes, sa queue est longue et ses mâchoires ainsi que ses mandibules portent des dents.

Selon les conceptions des différents savants, la place occupée par l'*Archaeopteryx* dans la classification a plus ou moins varié. Ainsi pour certains il est l'unique représentant de la sous-classe des palaeornithes (= oiseaux anciens) à laquelle fait pendant celle des néornithes (= oiseaux nouveaux). Cette dernière est subdivisée en trois super-ordres, celui des odontognathes avec deux genres fossiles datant du crétacé, *Ichthyornis* et *Hesperornis,* dont les représentants possèdent les caractères essentiels des oiseaux bien que leurs mâchoires soient pourvues de dents ; les deux autres, paléognathes et néognathes sont séparés d'après la structure du palais osseux. Danx les premiers on place l'autruche, les nandous, les casoars, les kiwis, l'émeu et les tinamous tandis que tous les autres oiseaux font partie des néognathes. Selon une autre classification qui n'est plus en vigueur aujour-

▲ *Phororhacos* ▲ *Diatryma*

d'hui, les oiseaux étaient répartis entre deux groupes d'importance très inégale. D'un côté il y avait les carinates (dont le sternum possède un bréchet, crête osseuse servant de surface d'insertion aux muscles pectoraux qui permettent le vol) et de l'autre les ratites au sternum dépourvu de bréchet. Au premier appartenaient tous les oiseaux à l'exception des « coureurs » qui, en raison de leur anatomie, ne peuvent pas voler (autruche, nandous, etc.). Fisher et Peterson (1964) ont suivi les systèmes de classification les plus récents et reconnaissent trois sous-classes dans la classe des oiseaux : les *Sauriurae* (oiseaux primitifs dont l'*Archaeopteryx* fait partie), les *Odontoholcae,* oiseaux ayant des dents, membres des genres fossiles *Hesperornis, Baptornis, Enaliornis, Corniornis* et *Neogaeornis,* enfin les *Ornithurae* (oiseaux typiques) parmi lesquels on place l'*Ichthyornis,* l'*Apatornis* et d'autres espèces fossiles ainsi que toutes les espèces actuellement vivantes.

Quand les oiseaux avaient des dents...

On peut donc résumer comme suit les événements essentiels survenus au cours de l'histoire de la classe des oiseaux. Le premier fossile connu, véritable trait d'union entre les reptiles et les oiseaux, l'*Archaeopteryx,* vécut au jurassique (ère secondaire) il y a environ cent quatre-vingts millions d'années.

Au crétacé (ère secondaire) il y a cent trente-cinq millions d'années, vivaient des oiseaux ayant des dents ainsi que d'autres espèces semblables à celles que nous connaissons actuellement. Parmi les plus caractéristiques de ces volatiles il y avait des formes similaires aux grèbes et aux plongeons comme l'*Enaliornis,* l'*Hargeria,* le *Neogaeornis,* le *Lonchodytes* et le *Baptornis.* D'autres ressemblaient aux oies, aux flamants, comme le *Gallornis,* aux fous comme l'*Elopteryx,* aux mouettes comme l'*Ichthyornis* et à d'autres types comme l'*Apatornis* et l'*Hesperornis,* ce dernier évoquant les plongeons. A l'ère tertiaire, les oiseaux connurent une forte expansion durant l'éocène et le paléocène (il y a environ soixante-trois millions d'années) : vingt-sept familles modernes étaient déjà représentées tandis que certains groupes fossiles disparurent. Parmi les fossiles découverts, on peut citer l'*Odontopteryx,* qui avait l'aspect d'un grand cormoran, le *Prophaeton,* semblable aux phaétons actuels et la *Diatryma steini,* qui mesurait deux mètres quarante de haut. A l'oligocène, période suivante (il y a trente-six millions d'années) apparurent les premiers procellariiformes, colymbiformes, ciconiiformes, charadriiformes, coraciiformes et les représentants d'autres groupes modernes.

Au miocène (il y a vingt-cinq millions d'années) il est probable que la majeure partie des familles actuellement vivantes et quelques genres modernes existaient déjà. Plusieurs groupes primitifs s'éteignirent. C'est vraisemblablement au pliocène (il y a treize millions d'années) que la plupart des genres actuels entrèrent en scène, et à cette époque les oiseaux présentèrent sans doute un maximum de diversification. Les moas, autruches, tinamous, caprimulgiformes datent de cette période. A l'ère quaternaire et plus précisément au pléistocène (il y a deux millions d'années), tous les ordres et familles modernes sont présents ainsi qu'une grande partie des espèces que nous connaissons.

Les paléontologistes ont découvert sept cent cinquante espèces d'oiseaux fossiles. De nombreuses espèces disparurent à l'époque des glaciations, notamment les grands oiseaux ratites au sternum dépourvu de bréchet. Au cours de la quatrième glaciation, appelée Würm par les géologues (les trois précédentes ayant reçu les noms de Grunz, Minden et Riss), la calotte glaciaire du pôle Nord avança lentement en direction de régions qui jouissaient auparavant d'un climat tempéré. Entre les différentes glaciations le climat s'était radouci. L'avance des glaciers entraîna d'importantes modifications dans la répartition de différentes espèces, notamment chez les mammifères et les oiseaux. A l'holocène (époque actuelle) on compte un peu plus de huit mille six cents espèces d'oiseaux vivants. Les passériformes dominent largement par leur nombre, mais en raison des activités humaines quelques dizaines d'espèces ont disparu, notamment parmi celles qui avaient une distribution exclusivement insulaire.

L'espèce et l'évolution

La systématique est une science qui a pour but de classer le monde vivant en disposant ses composants selon un ordre logique exprimant leurs affinités. Elle permet donc à l'esprit humain de s'y retrouver dans la multitude des espèces.

Autrefois les systématiciens accordaient une grande importance aux caractères externes, c'est-à-dire à la morphologie et à l'anatomie. Jadis, l'espèce (du latin *specere,* observer, regarder) était définie comme une « entité diversifiée » ayant un « aspect variable », une « forme diverse » (Mayr, 1970). Mais les progrès incessants réalisés en zoologie ont conduit graduellement les spécialistes à proposer une nouvelle définition biologique de l'espèce, que l'on peut formuler de la façon suivante : l'espèce est un ensemble de populations naturelles capables de se reproduire. Elle comprend donc un certain nombre d'individus appartenant à diverses populations ayant un patrimoine héréditaire commun. Elle est isolée des autres espèces pour tout ce qui concerne la reproduction.

Cette définition dépasse largement les limites de l'ancien concept de l'espèce, qui s'attachait uniquement aux différences morphologiques et prétendait se fonder sur ces critères pour séparer une espèce de ses voisines. Malgré tout, l'idée moderne de l'espèce n'exclut pas la possibilité de l'hybridation. Dans ce cas, deux individus appartenant à deux espèces différentes s'accouplent, et le fruit de leur union est un hybride. L'hybridation n'est pas un phénomène rarissime dans la nature, bien qu'un hybride puisse difficilement se reproduire même s'il reflète les affinités biologiques qui existent entre ses géniteurs. De nombreux mécanismes interviennent pour isoler les espèces et empêcher les croisements. Ils font partie du patrimoine génétique propre à une population et contribuent donc à maintenir son individualité. Malgré tout on observe donc de temps à autre des cas d'hybridation.

Récemment par exemple, le 27 mai 1970, dans une colonie de glaréoles à collier installée dans le parc naturel régional de Camargue (Bouches-du-Rhône), l'ornithologiste Walmsley a observé un couple formé d'une glaréole à collier (*Glareola pratincola*) et d'une glaréole à ailes noires (*Glareola nordmanni*). Le 6 juin on trouva le nid, qui contenait trois œufs. Les deux premiers poussins virent le jour le 14 juin et le troisième le lendemain, mais tous trois furent successivement victimes de prédateurs ! Cette observation a ravivé les discussions sur la position systématique de ces deux glaréoles. S'agit-il de deux espèces, de deux sous-espèces ou seulement de deux phases colorées d'une seule et même espèce ?

Les « espèces jumelles » ont également soulevé des polémiques très intéressantes du point de vue évolutionniste. Il s'agit de populations morphologiquement voisines, voire identiques, mais isolées en ce qui concerne la reproduction. Dans le cadre d'une seule et même espèce (surtout si elle a une aire de distribution très étendue) les différences dues à des modifications héréditaires liées aux conditions locales peuvent s'accentuer et entraîner la formation de populations ayant des caractères distinctifs. Ces populations sont considérées par les spécialistes comme des sous-espèces (dans la langue courante on emploie souvent le terme « race »). Les caractères qui permettent d'identifier ces entités concernent la forme, la couleur, le poids et les dimensions. Mais, comparée à celle d'espèce, la notion de sous-espèce est beaucoup moins bien définie du point de vue biologique.

L'étude des sous-espèces n'en présente pas moins un grand intérêt, car elle illustre une importante manifestation de l'évolution, à savoir la spéciation ou formation de nouvelles espèces. A partir d'une espèce parente il peut y avoir formation de deux ou plusieurs autres espèces à l'issue d'une plus ou moins longue période et moyennant certaines conditions d'isolement. Les systématiciens distinguent parfois de nombreuses sous-espèces. Ainsi, l'ornithologiste russe Dementiev admettait qu'il y avait vingt-deux sous-espèces de faucon pélerin (*Falco peregrinus*).

L'étude de la variabilité morphologique d'une espèce montre qu'il existe entre sujets mâles et femelles des différences de coloration extrêmement nettes. Ce phénomène, appelé dimorphisme sexuel, est très fréquent. Le mâle et la femelle sont alors immédiatement reconnaissables parce qu'ils présentent une taille, une forme ou une coloration différentes. Un cas extrême était celui de l'huia (*Heteralocha acutirostris*), passereau de la famille des callaeidés, aujourd'hui éteint et qui vivait en Nouvelle-Zélande. Le mâle et la femel-

▼ Grande aigrette (*Cosmerodius albus*)

▼ Nandou (*Rhea americana*)

▲ Casoar à casque (*Casuarius casuarius*)

◀ Emeu (*Dromiceius novaehollandiae*)

le de cette espèce se distinguaient par la forme de leur bec : semblable à celui d'un pic chez le premier, il était long et recourbé chez la femelle. Chacun devait chercher sa nourriture d'une façon particulière. Malheureusement cet oiseau extraordinaire n'a pas été observé depuis 1907, année où deux mâles solitaires furent encore signalés. L'espèce a disparu.

Un autre cas très intéressant de dimorphisme sexuel est celui que présente un petit perroquet, l'éclecte à flancs rouges (*Lorius roratus*) originaire de Nouvelle-Guinée, chez lequel les deux sexes sont tellement différents, non seulement du point de vue de la coloration (le mâle est vert et la femelle rouge) mais aussi à bien d'autres égards, que pendant longtemps les ornithologistes crurent qu'il s'agissait de deux espèces !

Le phénomène du polymorphisme est différent parce qu'il est indépendant du sexe de l'oiseau. A l'intérieur d'une population existent deux (dimorphisme) ou plusieurs (polymorphisme) formes distinctes surtout par la coloration du plumage. En général, ces formes sont appelées phases ou types selon l'usage actuel. Un exemple de ce genre de variation nous est fourni par les

▼ Groupe de pélicans blancs (*Pelecanus onocrotalus*)

phases claire et foncée du fulmar (*Fulmarus glacialis*) et les différents types que l'on trouve chez certains rapaces comme la buse variable (*Buteo buteo*) et la bondrée apivore (*Pernis apivorus*). Quand les conditions du milieu sont semblables, les adaptations vont parfois dans le même sens. Il arrive alors que deux espèces différentes, habitant des paysages d'aspect similaire mais sur des continents éloignés, se ressemblent largement du point de vue morphologique et même biologique. Un exemple, signalé dans tous les manuels d'ornithologie, est celui de deux passereaux dont l'un est l'équivalent de l'autre : la place de la stournelle (*Sturnella magna*) d'Amérique du Nord est tenue en Afrique par l'alouette sentinelle à gorge jaune (*Macronyx crocea*). On se trouve là en présence de deux oiseaux qui ne sont nullement apparentés puisque la *Sturnella* est un ictéridé alors que le *Macronyx* est un motacillidé. Néanmoins tous deux se ressemblent fortement du point de vue morphologique et de plus présentent un comportement analogue car ils fréquentent des milieux comparables. Ce phénomène est connu sous le nom de convergence adaptative.

Dans un passé récent un autre exemple de convergence était donné par les manchots des mers australes et le grand pingouin de l'hémisphère boréal (aujourd'hui éteint), tous incapables de voler. Manchots et pingouin vivant en mer et sur les côtes utilisaient leurs ailes pour nager sous l'eau et en conséquence avaient une silhouette très semblable. Un phénomène très différent est celui de la radiation adaptative. Plusieurs espèces se développent à partir d'une souche primitive (une espèce) qui colonise un archipel où elle n'existait pas auparavant.

Par le jeu des adaptations ces nouvelles espèces s'isolent et occupent toutes les niches écologiques disponibles dans leur nouvel environnement. Quand deux populations animales semblables habitent la même aire de répartition sans se mêler, c'est-à-dire sans qu'il y ait production d'hybrides, on peut affirmer que différents mécanismes les isolent efficacement. Elles constituent donc deux espèces distinctes, qualifiées de sympatriques parce qu'elles vivent côte à côte dans les mêmes limites géographiques. Au contraire deux populations animales semblables mais séparées par des obstacles d'ordre géographique sont dites allopatriques parce qu'elles se trouvent dans des régions distinctes. L'isolement géographique n'est pas forcément dû à la présence d'un océan entre les deux régions occupées par les organismes ou à la distance. En effet, un fleuve, une chaîne de montagnes, une clairière dans un massif forestier peuvent constituer des barrières capables d'isoler deux populations.

Pendant longtemps on a cru que deux espèces très voisines du point de vue morphologique, la sittelle corse (*Sitta whiteheadi*) et la sitelle canadienne (*Sitta canadensis*), qui vivent respectivement en Corse et en Amérique du Nord, étaient des sous-espèces d'une seule espèce. Mais après les avoir étudiées de manière approfondie, l'ornithologiste allemand Hans Löhrl a montré qu'il s'agissait bien de deux espèces distinctes. En effet, leur comportement, leur voix et leur régime alimentaire sont si différents qu'elles ne se croisent même pas quand on les tient ensemble en captivité. Les pluviers dorés eurasiatique (*Pluvialis apricaria*) et américano-asiatique (*Pluvialis dominica*) se ressemblent énormément du point de vue morphologique ; pourtant en Sibérie où les aires de distribution des deux espèces entrent en contact il n'y a pas de populations hybrides. En revanche, dans la zone intermédiaire entre les aires de distribution de la corneille noire (*Corvus corone*) et de la corneille mantelée (*Corvus cornix*) en Europe centrale, on observe de nombreux croisements ; c'est pourquoi les ornithologistes considèrent maintenant qu'il s'agit de deux sous-espèces, *Corvus corone corone,* la corneille noire et *Corvus corone cornix,* la corneille mantelée.

A l'intérieur de l'aire de distribution certaines espèces forment plusieurs sous-espèces alors que d'autres au contraire ne peuvent être subdivisés de la sorte et sont donc beaucoup plus homogènes. Ces dernières sont qualifiées de monotypiques. En général il s'agit d'espèces d'origine assez récente dans l'histoire du monde vivant ou ayant une distribution restreinte dans une région bien définie et n'ayant guère de possibilités de se disperser. Au contraire, les espèces polytypiques comprennent de nombreuses sous-espèces. Il s'agit le

▲ Couple de vautours fauves (*Gyps fulvus*)

plus souvent d'espèces dont l'apparition sur Terre est assez ancienne, ayant une vaste répartition géographique et des possibilités de dispersion, circonstances éminemment favorables à la formation de sous-espèces. Cependant, avec le temps, toutes les espèces monotypiques tendent à se transformer en espèces polytypiques, à moins qu'il ne s'agisse de formes très localisées ne bénéficiant pas des conditions favorables à l'évolution. La spéciation est la formation d'une ou plusieurs nouvelles espèces à partir d'une espèce parente.

Un exemple classique à cet égard est celui de la spéciation des pinsons dans l'archipel des Canaries. De la sous-espèce typique du pinson des arbres, *Fringilla coelebs coelebs,* qui avait colonisé les îles, seraient issues successivement une sous-espèce, *Fringilla coelebs tintillon,* et une nouvelle espèce, *Fringilla teydea.*

L'opinion courante de la majorité des spécialistes en la matière est que la spéciation se produit également quand il y a isolement géographique car celui-ci favorise la formation de populations distinctes à l'intérieur d'une seule et même espèce. Avec le temps ces populations peuvent éventuellement devenir des espèces qui seront complètement isolées du point de vue reproduction par rapport à l'espèce parente. Ce type de spéciation dû à l'isolement géographique est appelé spéciation allopatrique. Certains savants estiment que la spéciation peut se faire d'autres façons. Ainsi ils pensent que des mutations sont capables de transformer certaines populations d'une espèce.

La structure

Pour se déplacer dans l'air...

La faculté de voler est indubitablement une des caractéristiques essentielles de la classe des oiseaux. Comme nous l'avons vu, elle a entraîné de nombreuses modifications dans la structure de l'organisme avien qui est à la fois léger et robuste. Le squelette et l'appareil musculaire sont parfaitement adaptés à leur fonction, mais sans les plumes, productions de la peau, les oiseaux ne pourraient pas voler.

Un corps couvert de plumes

Chez les vertébrés la peau ou tégument recouvre toute la surface du corps et comprend deux couches superposées. La plus superficielle est appelée épiderme, la plus profonde étant le derme. Les dérivés de la peau sont nombreux, qu'il s'agisse de différentes sortes de glandes, des écailles, des plumes, des ongles et des griffes, des cornes, des organes lumineux, etc. La forme et la fonction de ces différentes productions sont extrêmement variées. Chez les oiseaux la peau très fine est dépourvue de glandes à l'exception de la glande uropygienne située sur le croupion, juste à la racine de la queue.

Cette glande sécrète une substance huileuse dont l'oiseau enduit ses plumes en se servant de son bec. Le film gras déposé de la sorte contribue à rendre les plumes imperméables. Chez les oiseaux aquatiques la glande uropygienne est très développée ; à l'opposé, elle manque chez l'autruche, les casoars, les outardes, un certain nombre de columbiformes (pigeons et tourterelles) et de psittaciformes (perroquets et perruches). Le caractère le plus remarquable des oiseaux, celui qui les distingue immédiatement de tous les autres vertébrés, est sans nul doute la possession de plumes, formations cutanées uniques dans le monde animal.

Le plumage, c'est-à-dire l'ensemble des plumes, forme une couche protectrice efficace, qui empêche les pertes caloriques. L'air isolant emprisonné entre les barbes des plumes maintient la température du corps au même niveau quelle que soit la température de l'air ambiant. Le plumage a souvent de vives couleurs qui jouent un rôle très important dans la vie sociale des oiseaux, et surtout il forme la surface de sustentation qui leur permet de voler. Par sa légèreté, sa souplesse et sa résistance, le plumage répond parfaitement aux exigences de la locomotion aérienne. Bien qu'elles soient issues de papilles épidermiques qui s'enfoncent dans le derme, les plumes sont, après leur croissance, des structures mortes qui ne nécessitent aucune irrigation sanguine. Elles se distinguent donc nettement de tous les autres éléments dont est formé l'organisme avien.

La plume, formation cornée, prend naissance au niveau d'un épaississement de la peau qui, peu à peu, s'allonge, s'incline, s'enfonce et forme une papille ayant une fonction nourricière. Quand la plume a atteint sa taille définitive cette papille cesse de l'alimenter et la laisse complètement dévitalisée et desséchée. Si un oiseau perd une plume, soit de façon naturelle par le jeu de la mue, soit accidentellement, les cellules de la papille seront stimulées et produiront une plume neuve. De toute façon, les plumes sont renouvelées et remplacées régulièrement puisque les oiseaux muent au moins une fois par an, en général après la saison de reproduction. On distingue trois principaux types de plumes, les pennes (rémiges, rectrices et tectrices), le duvet et les filoplumes.

Les pennes sont appelées plumes de contour parce qu'elles dessinent la forme du corps, des ailes et de la queue. Elles se composent d'un axe central, creux à sa partie inférieure. C'est le calamus qui est implanté dans la peau et qui possède à son extrémité inférieure un petit orifice, l'ombilic, et un autre situé au-dessus, l'ombilic supérieur. Le calamus (ou tuyau) est creux, mis à part quelques lamelles cornées transversales et superposées. Le rachis, partie supérieure de l'axe, est rempli d'une substance spongieuse. De chaque côté il porte de petits prolongements appelés barbes. A son tour chaque barbe possède deux séries de barbules, l'une est tournée vers l'extrémité de la plume, l'autre étant disposée vers la base. Les premières sont munies de crochets (ou hamuli) qui s'agrippent aux barbules voisines de la barbe adjacente. L'ensemble forme un véritable tissu à la fois compact et très fin. Toutes les barbes situées d'un même côté du rachis constituent ce que l'on appelle un vexille. On distingue un vexille interne et un vexille externe. Le plus souvent, il y a une touffe de barbes au niveau de l'ombilic supérieur, mais chez de nombreux oiseaux (rapaces, certains passériformes, anatidés, ardéidés, casoars, émeu), on remarque l'existence d'une structure plus petite que la plume, appelée hyporachis, qui lui ressemble fortement par son aspect. Certaines pennes ont des barbules dépourvues de crochets et il en résulte que les vexilles n'ont pas de forme définie car leurs barbes ne peuvent conserver en permanence la même disposition. C'est ce que l'on observe par exemple chez l'autruche. Si un rameau ou un autre objet entre brusquement en contact avec une plume, les barbes se dissocient ; mais en les lissant avec son bec l'oiseau aura tôt fait de les remettre en place et de restaurer l'ordonnance de son plumage sans laquelle celui-ci ne pourrait remplir ses fonctions.

A la différence des pennes le duvet possède un calamus ouvert aux deux extrémités au niveau des ombilics supérieur et inférieur. Il est généralement dépourvu de rachis, c'est pourquoi les barbes s'insèrent directement à l'extrémité supérieure du calamus. Quand un rachis est présent, les barbes sont fixées dessus. Dépourvues de crochets, les barbes ne forment pas de véritables vexilles, et pour cette raison le duvet n'a pas de forme permanente. Le duvet constitue le plumage des poussins nidifuges, c'est-à-dire des jeunes oiseaux qui dès l'éclosion ont les yeux ouverts, sont capables de se déplacer

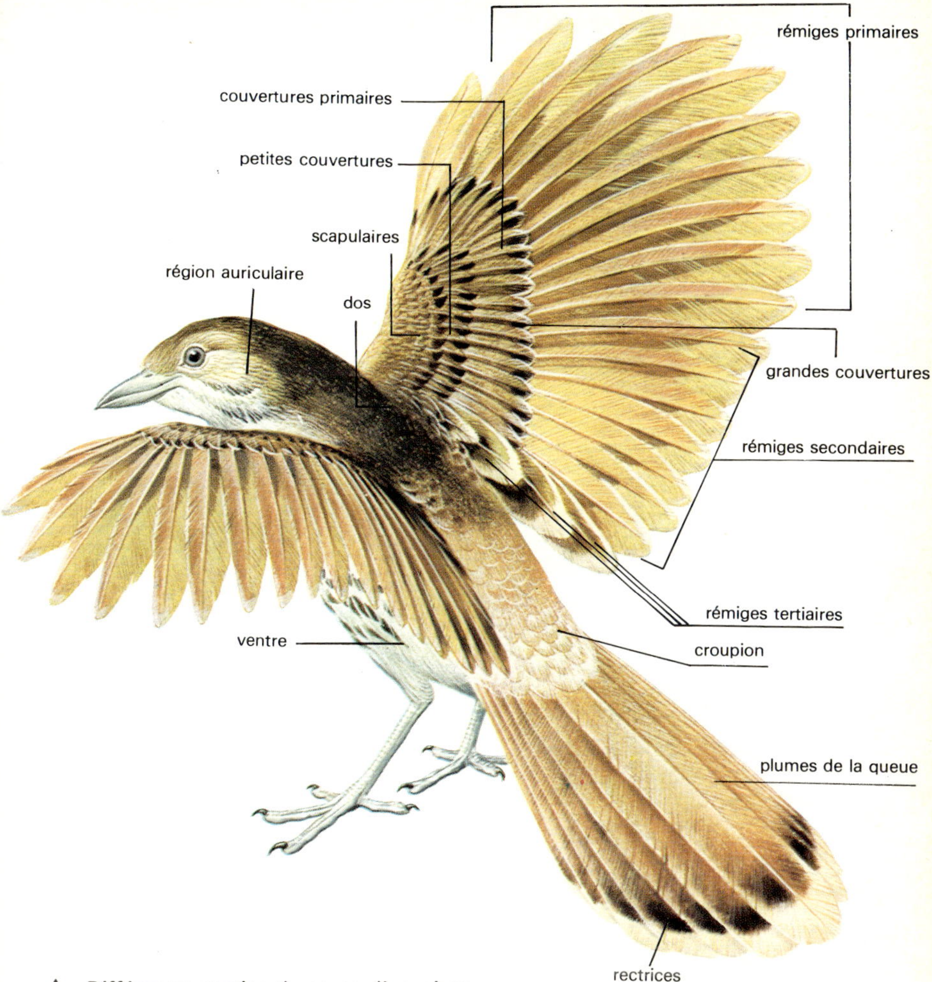

▲ Différentes parties du corps d'un oiseau

et s'éloignent rapidement du nid.

Les oisillons nidicoles qui restent au nid parce qu'ils sont incapables de marcher et dépendent entièrement de leurs parents sont complètement nus à l'éclosion ou bien possèdent eux aussi un duvet plus ou moins épais. Les plumes qui poussent ensuite sont des plumes de contour. Le plumage de nombreux oiseaux adultes comporte à la fois des plumes de contour et des duvets, notamment sur la partie inférieure du corps où ils forment une couche assez dense, caractéristique des oiseaux aquatiques. Chez tous les oi-

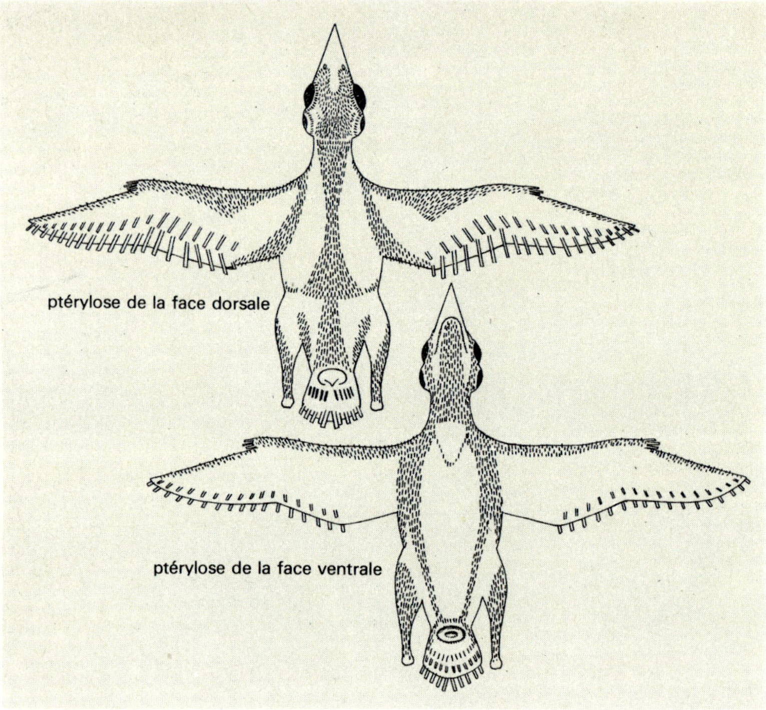

▲ Exemple de répartition des plumes

seaux — à l'exception des manchots et des ratites dont les plumes sont uniformément réparties à la surface du corps — il existe des zones couvertes de plumes, appelées ptérylies, séparées par d'autres espaces, nommés aptéries, où elles font défaut. Mais, quand ils existent, les duvets sont répartis sur toute la peau.

Enfin les filoplumes sont dépourvues de vexilles. Leur rachis est nu, sauf à l'extrémité supérieure où se trouvent quelques barbes. Les filoplumes se trouvent généralement au voisinage des plumes de contour ou des duvets. En plus des pennes, des duvets et des filoplumes les oiseaux possèdent également des vibrisses qui ressemblent fortement à des poils car elles n'ont pas de barbes. On les trouve à la base du bec de certaines espèces comme les rapaces (par exemple la buse commune) et les engoulevents. Les duvets poudreux existent chez les hérons, les butors et les tinamous. Ils ont la particularité de se désagréger continuellement et forment une sorte de poudre grasse utilisée pour nettoyer le plumage sali par le mucus des poissons (cas

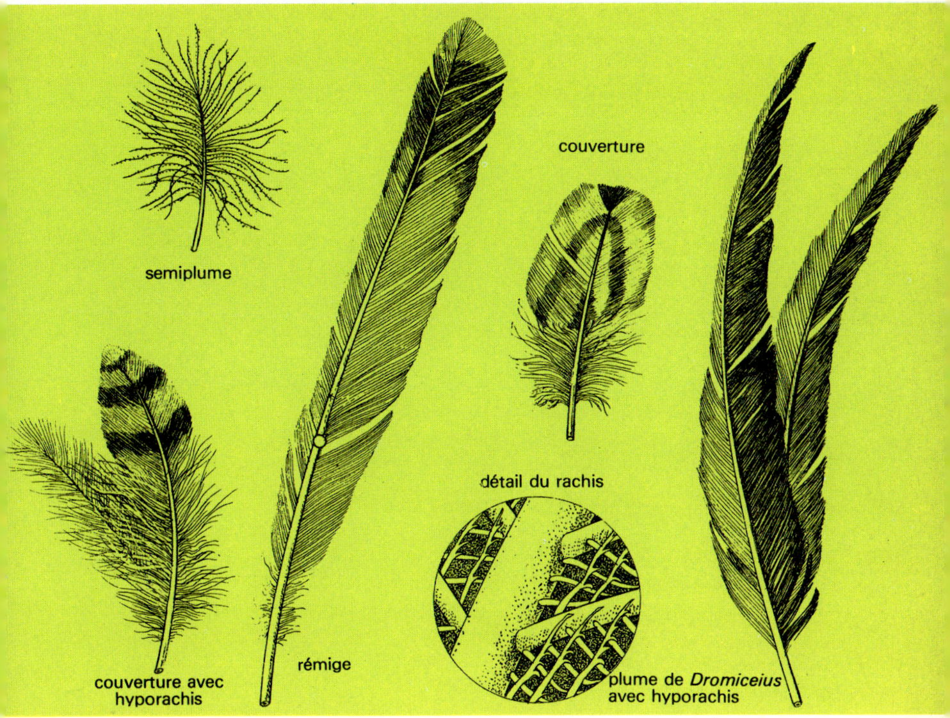

▲ Différents types de plumes

des hérons).

Le poids du plumage n'est pas négligeable. En général, il représente en moyenne à peu près 6 pour 100 du poids total de l'oiseau (chez les manchots la proportion est de 3 ou 4 pour 100 seulement alors que chez les mésanges elle s'élève à 12 pour 100!). Les pennes sont disposées d'une façon extrêmement précise à la surface du corps. Celles qui se trouvent sur les membres antérieurs ont une importance capitale pour le vol, et selon leur situation on distingue les rémiges polliciales, fixées sur le premier doigt et au nombre de trois ou quatre seulement; elles forment ce que les ornithologistes appellent l'aile bâtarde ou alula dont le rôle est important au cours du vol à faible vitesse. Les rémiges primaires insérées sur les autres os de la main (phalanges et métacarpes) sont au nombre de neuf à douze selon la famille, dix étant une moyenne. Les rémiges secondaires sont implantées sur le cubitus, le plus gros des os de l'avant-bras, et leur nombre est beaucoup plus variable (il y en a neuf chez les petits passereaux et jusqu'à trente-huit chez les grands albatros). Les rémiges tertiaires, qui se fixent sur l'humérus, ne possèdent une forme très particulière que chez les albatros, les puffins et certains canards. A leur base les rémiges sont protégées par des plumes plus petites appelées couvertures, présentes sur les faces supérieure et inférieure de l'aile. Leur nom diffère selon leur position et l'on distingue par exemple les grandes, moyennes et petites couvertures sur le dessus de l'aile. Avec les os, la peau et les tendons, les plumes (rémiges et couvertures) forment l'aile, organe de vol idéal. Les grandes plumes de la queue ou rectrices ont elles aussi une grande importance au cours du vol.

Le plumage mue périodiquement pendant toute la vie de l'oiseau et ce phénomène commence souvent peu après l'éclosion. En effet le premier duvet tombe et est remplacé par un plumage juvénile. Si le jeune oiseau est nu en venant au monde il ne tarde pas non plus à acquérir un plumage complet. Après avoir revêtu la livrée typique de l'adulte, l'oiseau mue au moins une fois par an, le plus souvent après la saison de reproduction. Pendant la mue toutes les plumes de couverture sont remplacées progressivement et selon un ordre systématique. Chez un certain nombre d'espèces aviennes il y a deux mues, l'une avant et l'autre après la nidification. En général, la mue prénuptiale est seulement partielle et n'affecte pas les plumes qui jouent un rôle essentiel pour le vol, c'est-à-dire les rémiges et les rectrices. Celles-ci tomberont les unes après les autres selon une séquence précise et seront remplacées au cours de la mue postnuptiale ou automnale mais de façon telle que la faculté de voler n'est jamais vraiment compromise durant cette période délicate. Cependant, chez certaines espèces la mue des rémiges est à peu près simultanée et pendant plusieurs semaines ces oiseaux sont absolument incapables de voler ; ils se cachent aux yeux des prédateurs tant qu'ils n'ont pas retrouvé leur faculté de voler. Il s'agit essentiellement d'oiseaux aquatiques (anatidés, grues, rallidés, grèbes, plongeons et de nombreux alcidés).

La durée de la mue varie selon l'espèce ; elle est généralement brève chez un grand nombre de passereaux et de charadriiformes mais très longue chez les albatros, les pélicans, les fous et les oiseaux rapaces. La mue est responsable des changements de « costume » qui rendent souvent difficile l'identification des oiseaux. En effet, chez de nombreuses espèces il existe en plus des différences de coloration entre les adultes et les jeunes, les mâles et les femelles, un plumage estival ou de noces et un plumage hivernal. Ceci est le propre des canards et des limicoles. Selon l'espèce, les jeunes acquièrent la livrée adulte au bout d'un laps de temps plus ou moins long. Ainsi l'alouette hausse-col (*Eremophila alpestris*) revêt le plumage adulte à l'issue de la première mue postjuvénile c'est-à-dire trois mois environ après son éclosion. En revanche, chez d'autres espèces (par exemple certains rapaces) le plumage définitif est acquis au bout de quatre, cinq ou six ans. Enfin, chez un oiseau de paradis, le séleucide multifil (*Seleucidis melanoleuca*), la livrée adulte n'apparaît qu'à l'âge de sept ans (Frugis et coll., 1971-1972). La mue dépend en partie de l'activité des glandes à sécrétion interne.

A cet égard la thyroïde joue un rôle de premier plan et il en est de même pour le lobe antérieur de l'hypophyse. Si l'on procède à l'ablation de la thyroïde, la mue ne se produit plus, mais on parvient à la provoquer en faisant des injections d'hormone thyroïdienne. Le fonctionnement de l'hypophyse dépend des conditions d'éclairement et notamment de la quantité de lumière diffusée par le soleil en une journée ; il est donc lié à leurs fluctuations. Le complexe formé par les hormones thyroïdienne et hypophysaire joue un grand rôle pour le déclenchement de la mue. L'influence des sécrétions des glandes sexuelles et cortico-surrénales sur la mue n'est pas encore très claire, mais il paraît certain qu'elles interviennent dans ce phénomène.

Un squelette léger, léger...

Le squelette des oiseaux se distingue par deux caractéristiques essentielles, d'une part la transformation des membres antérieurs en ailes et d'autre part un allègement poussé au maximum. La première de ces modifications a entraîné la disparition de certains os et la fusion de plusieurs autres. Cette simplification contribue à réduire le poids, donc à faciliter le vol. De nombreux os sont creux à l'âge adulte et certains sont même en communication avec les diverticules des sacs aériens. Ce changement de structure ne diminue en rien leur résistance et va également dans le sens d'un allègement maximal.

Selon l'espèce les oiseaux peuvent se déplacer sur terre, dans l'eau ou dans les airs, et certains sont également doués pour la locomotion dans ces trois milieux. Les membres antérieurs et la cage thoracique sont mis à contribution au cours du vol tandis que la colonne vertébrale, la ceinture pelvienne et les membres inférieurs jouent le rôle essentiel pour la marche. Enfin, pour la nage et la plongée, les membres inférieurs ou les membres antérieurs, ou les uns et les autres, interviennent avec les ceintures correspondantes. Le crâne des oiseaux porte une structure dérivée de la peau, c'est le bec ou plus exactement la ramphothèque, enveloppe cornée dont sont revêtus les maxillaires. Les sutures (articulations fixes) qui séparent les os du crâne sont invisibles chez l'oiseau adulte. La structure du palais est utilisée comme critère de classification, quoique de nos jours on ne lui accorde plus la même importance qu'autrefois. Le nombre des vertèbres varie entre trente-neuf chez certains passereaux et soixante-trois chez les cygnes. Le nombre des vertèbres du cou change selon les groupes contrairement à ce que l'on observe chez les mammifères où il y en a presque toujours sept, même chez la girafe ; on en compte seulement onze chez plusieurs perroquets et vingt-cinq chez les cygnes. Les premières vertèbres cervicales sont très mobiles et, chez les hiboux et les chouettes, elles permettent une rotation presque complète de la tête en tous sens. Les vertèbres dorsales sont moins libres et peuvent même fusionner pour former un os dorsal comprenant trois à cinq vertèbres. Les vertèbres se soudent également dans la région lombaire ; les vertèbres sacrées, au nombre de dix à vingt-trois forment un synsacrum intimement relié à la ceinture pelvienne. Celle-ci se compose de trois os réunis, l'ilion, l'ischion et le pubis. Les vertèbres caudales se trouvent à l'extrémité postérieure de la colonne vertébrale. Les premières, au nombre de quatre à neuf, sont libres, mais les dernières, au nombre d'une dizaine au maximum, sont soudées et forment un os appelé pygostyle ou urostyle sur lequel s'insèrent les rectrices, plumes de la queue. Chez l'*Archaeopteryx* la queue était très longue si on la compare à celle des oiseaux qui vivent de nos jours. Parmi les oiseaux actuels, seuls les ratites et les tinamous ont des vertèbres caudales libres car ils sont dépourvus de pygostyle.

Comme nous l'avons déjà dit, la cage thoracique et les membres antérieurs ont une importance capitale pour le vol. Les côtes au nombre de trois à neuf paires se composent de deux segments, vertébral et sternal, et possèdent une apophyse ou processus unciné. Elles relient la colonne vertébrale au sternum. Celui-ci est particulièrement développé chez les espèces capables de voler car il présente une carène verticale, le bréchet, sur laquelle s'insèrent les muscles pectoraux. Chez les ratites il n'y a pas de bréchet et à sa place on trouve seulement une petite plaque sternale. Cette absence est l'une des

▼ Squelette

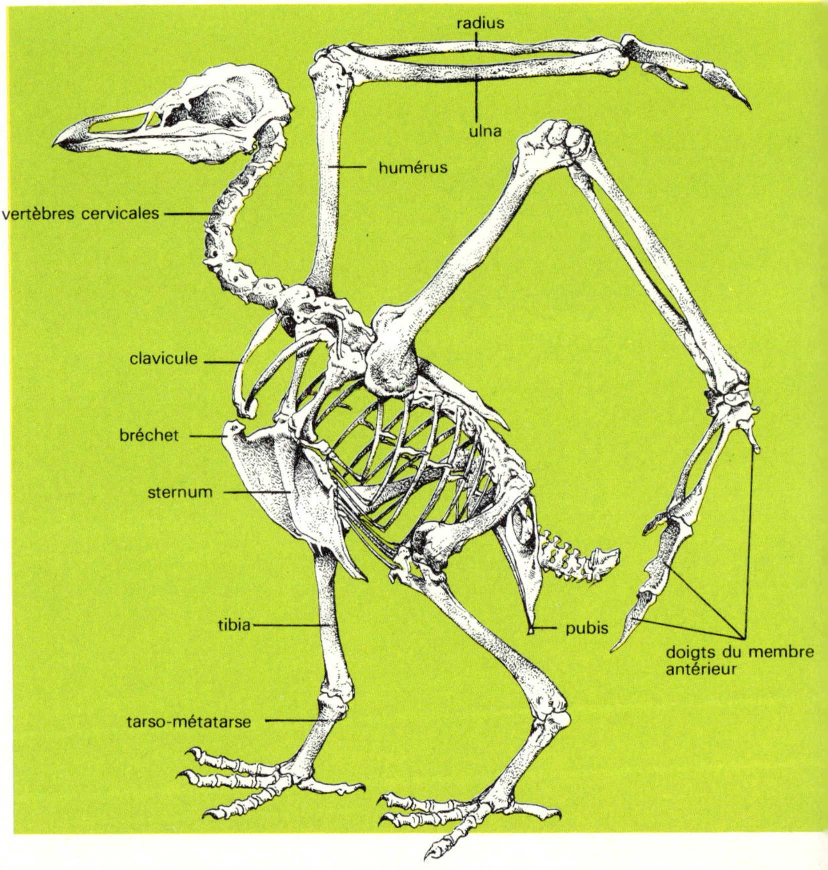

raisons essentielles de leur incapacité de voler.

La ceinture scapulaire est articulée avec le sternum par l'os coracoïde. Elle comprend en outre l'omoplate, la clavicule qui s'unit avec son homologue pour former la fourchette du furcula. Le squelette de l'aile comprend trois segments, bras, avant-bras et main. L'humérus forme le premier, le radius et le cubitus constituent le second (le radius est également appelé ulna). Une série d'os carpiens et métacarpiens plus ou moins soudés entre eux, auxquels s'ajoutent quelques phalanges, forment un ensemble correspondant au poignet et à la main des mammifères. Il n'y a que trois doigts. L'un est rudimentaire et les deux autres se composent respectivement de deux et d'une phalanges. Le membre inférieur est formé de trois parties : la cuisse avec le

▼ Différents types de pattes

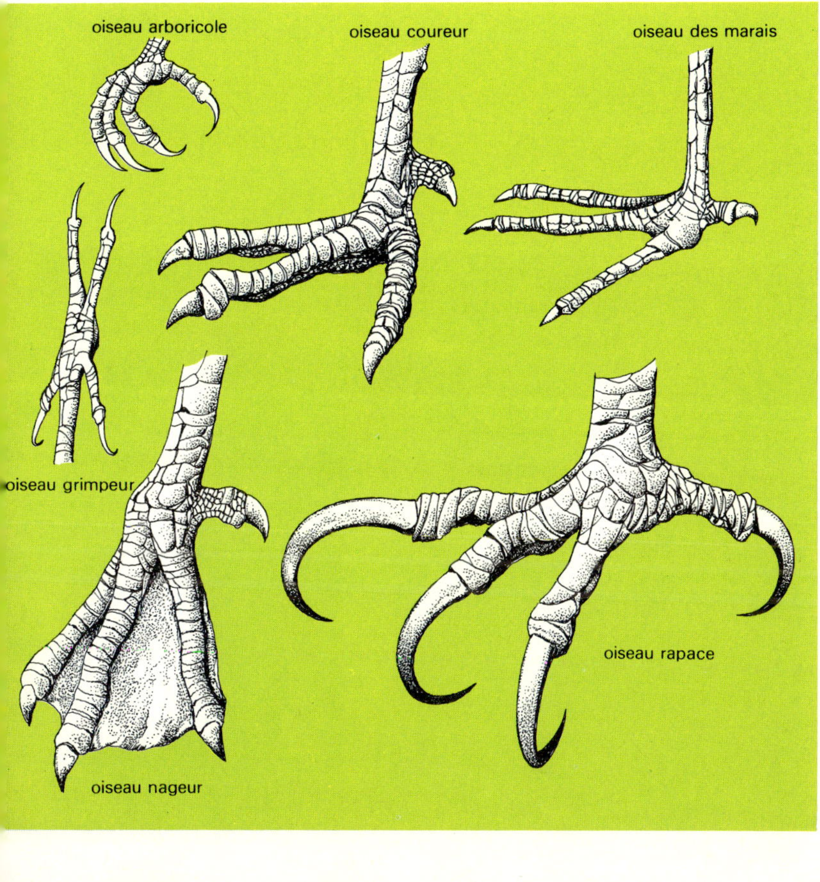

fémur, la jambe avec le tibio-tarse résultant de la fusion du tibia et du péroné avec la rangée supérieure des os du tarse ; enfin, le segment suivant provient de la soudure de la rangée inférieure des os du tarse avec les métatarsiens et constitue ce que l'on appelle le tarso-métatarse couramment désigné sous le nom de patte. Il y a donc une articulation intertarsienne qui distingue le membre inférieur des oiseaux de celui des autres vertébrés. Les oiseaux n'ont jamais plus de quatre doigts. Chez la majorité d'entre eux trois sont dirigés en avant et le quatrième est tourné vers l'arrière mais chez un certain nombre d'espèces (par exemple les pics) il y en a deux en avant et deux en arrière. La moelle, présente dans les os des autres vertébrés, manque ou n'existe qu'en très petite quantité dans ceux des oiseaux adultes. Seuls tous les jeunes en possèdent. Les os creux sont dits pneumatisés quand ils sont en relation avec les sacs aériens (cas de l'humérus et d'autres os longs).

Musculature et aérodynamisme

La musculature est elle aussi parfaitement adaptée à la locomotion aérienne car les muscles les plus volumineux sont concentrés autour du centre de gravité. A l'extrémité des membres il n'y a que des tendons. La musculature

▼ Le vol des colibris

contribue donc elle aussi à rendre la silhouette de l'oiseau aérodynamique et élancée. Elle est plus ou moins puissante au niveau du cou, des membres antérieurs et postérieurs.

Ce sont les muscles insérés sur le bréchet qui meuvent les ailes. Le grand pectoral, dont le rôle est extrêmement important puisqu'il abaisse l'aile, est le plus volumineux des muscles alaires. Le petit pectoral (encore appelé coracobrachial postérieur) complète son action. Le muscle supracoracoïdal ou moyen pectoral est antagoniste des précédents car il relève l'aile. Ces trois muscles sont les plus importants de la cinquantaine de muscles impliqués dans le fonctionnement de l'aile. La contraction simultanée des muscles antérieurs et postérieurs du membre inférieur permet l'extension de la cuisse. Leur rôle est particulièrement important au moment où l'oiseau saute pour s'envoler. D'autres muscles antagonistes replient la jambe (tibio-tarse) sur le tarse. Les muscles extenseurs du fémur, du tibio-tarse et du tarse sont plus volumineux que les fléchisseurs ; mais c'est l'inverse en ce qui concerne les muscles qui meuvent les doigts, les fléchisseurs étant plus puissants que les extenseurs. Ils permettent la fermeture des doigts, l'extension du membre et interviennent au cours de l'envol et de l'atterrissage.

La prépondérance des muscles fléchisseurs s'explique par la façon dont l'oiseau se tient sur son perchoir. Ses doigts constituent en effet une véritable pince qui l'attache fermement sur la branche. Les muscles fléchisseurs des doigts, responsables de cette fixation automatique, permettent à l'oiseau de dormir tranquillement sans risque de tomber. En fait l'action des tendons est tout aussi importante que celle des muscles. Ils sont bloqués par le jeu de petites aspérités qui s'accrochent sur leur enveloppe du côté interne.

Comment volent les oiseaux

L'examen de la coupe transversale d'une aile d'oiseau montre que la face

▲ Différentes phases du vol battu d'un canard

supérieure est convexe, la face inférieure étant concave. Les lois physiques qui expliquent le vol des avions et des planeurs s'appliquent également au vol des oiseaux. Comme l'a signalé l'ornithologiste Wesley Lanyon (1973), l'air se déplace plus rapidement sur la face supérieure de l'aile, et ce mouvement détermine une poussée sur la face inférieure, force qui assure la sustentation nécessaire et permet à l'oiseau de se maintenir au même niveau. Les mouvements des ailes assurent la propulsion en avant. La force de sustentation dépend de la forme de l'aile. En dirigeant un flux d'air à la surface supérieure de l'aile, l'alula ou aile bâtarde réduit la turbulence et facilite l'atterrissage, car à ce moment l'oiseau vole lentement. La diversité dans la forme des ailes rend compte des différentes façons de voler. On distingue trois types de vol, le vol battu ou vol ramé, le vol plané et le vol à voile.

Au cours du vol plané, l'oiseau glisse dans l'espace pendant un certain temps en tenant les ailes étendues mais immobiles. Ce type de vol est utilisé par de nombreuses espèces juste avant l'atterrissage ou bien après un envol rapide (cas des gallinacés comme les perdrix et les faisans). Le vol à voile est l'apanage des oiseaux qui ont des ailes à la fois longues et larges et un corps relativement mince. Au cours du vol à voile l'oiseau ne perd pas d'altitude (c'est le contraire pendant le vol plané) mais s'élève progressivement à une vitesse plus ou moins grande. Les oiseaux qui le pratiquent (vautours et grands rapaces en général, cigognes, pélicans, marabouts, etc.) utilisent les courants d'air chaud ascendant. Ils recherchent les lieux dégagés (grandes plaines ou plateaux dénudés par exemple) surtout dans les régions au climat chaud. Les rayons du soleil provoquent la formation d'ascendances en élevant la température de l'air, et celui-ci a tendance à monter car sa densité est réduite.

▲ Cygne tuberculé (*Cygnus olor*)

On observe un phénomène analogue dans les régions montagneuses et au-dessus des collines. Les oiseaux planeurs vont d'une colonne d'air chaud à la suivante. Entre deux ascendances ils perdent donc un peu d'altitude mais en reprennent aussitôt qu'ils ont pénétré dans la colonne suivante. On trouve aussi d'excellents planeurs chez les oiseaux marins, mais au-dessus de la mer les conditions sont fort différentes de celles qui règnent au-dessus des milieux terrestres car il n'y pas de courants d'air chaud. C'est pour cette raison que plusieurs grands planeurs terrestres, comme la cigogne blanche, évitent soigneusement les grandes étendues marines au cours de leurs migrations et suivent des itinéraires précis. On les voit par exemple franchir la mer aux endroits où celle-ci est très étroite (les cigognes blanches européennes traversent la Méditerranée aux détroits de Gibraltar et du Bosphore). Grâce à la finesse de leur corps et de leurs ailes, les planeurs marins (albatros, puffins) profitent savamment des ascendances produites au-dessus de l'eau par le

Espèce	Battements d'ailes par seconde	Espèce	Battements d'ailes par seconde
Grand cormoran	3,9	Faucon pélerin	4,3
Faisan commun	9	Goéland argenté	2,8
Foulque noire	5,8	Guillemot à miroir	8
Héron cendré	2,5	Merle noir	5,6
Canard colvert	5	Pie bavarde	3
Cygne tuberculé	2,7	Colibris	35 à 80

Tichodrome échelette
(Tichodroma muraria) ▶

▼ Fulmar
(*Fulmarus glacialis*)

Puffin des anglais ▲
(*Puffinus puffinus*)

frottement du vent sur les vagues et utilisent les variations de vitesse du courant d'air. Ils se maintiennent au même niveau en planant dans le sens du vent quand leur vitesse propre diminue, et dans la direction contraire si elle augmente. Ces oiseaux perçoivent instantanément les moindres changements qui affectent les courants aériens et doivent, entre autres, cette faculté à la possession d'organes sensoriels d'une extrême sensibilité, situés dans les fosses nasales. C'est ce que l'on observe chez les membres de l'ordre des procellariiformes, auquel appartiennent les meilleurs planeurs marins (albatros et puffins).

Le vol battu ou vol ramé est indubitablement le mode de locomotion aérienne le plus largement utilisé par les oiseaux. On en distingue plusieurs types. Les ailes sont alternativement relevées et abaissées de façon régulière, assurant à la fois la sustentation et la propulsion. La façon de voler varie suivant les différences morphologiques et notamment le caractère plus ou moins aérodynamique de la silhouette et la forme des ailes. Ainsi, de nombreux passereaux ont un vol ondulé car ils battent des ailes de façon discontinue : leur trajectoire est donc une succession de chutes et de remontées. Les pics volent de la même façon, ils ferment les ailes pendant quelques instants puis les agitent à nouveau de façon vigoureuse et précipitée. Au contraire, chez les oiseaux de taille supérieure dont les ailes offrent une plus grande surface de sustentation, la trajectoire du vol est à peu près rectiligne. Certaines espèces, comme plusieurs rapaces et notamment le faucon crécerelle, la balbuzard pêcheur, le circaète jean-le-blanc, le martin-pêcheur, les sternes et les pies-grièches, sont capables de se maintenir dans l'espace au même endroit en battant rapidement des ailes. Ils font du vol sur place comme les hélicoptères. Quand il s'agit du faucon crécerelle, on dit couramment que l'oiseau «fait le Saint-Esprit». Cette technique est employée pour repérer une proie, et l'oiseau pique sur elle après l'avoir localisée.

L'envol et l'atterrissage

Quelques spécialistes se sont fondés sur la forme des ailes pour établir une petite classification. Ils distinguent généralement quatre catégories selon les rapports entre la longueur et la largeur des plans sustentatoires. Certains oiseaux ont des ailes arrondies et elliptiques (galliformes, pics, pigeons, nombreux passereaux, etc.). Chez d'autres les ailes sont longues et étroites (limicoles, hirondelles, martinets, guêpiers, faucons, etc.). Enfin, on sépare les planeurs terrestres des planeurs marins. L'étude du rapport entre le poids du corps et la surface de l'aile fournit des indications précieuses sur les capacités voilières des oiseaux. Ce rapport est appelé charge de poids par unité de surface. On l'a mesuré pour différentes espèces et on a constaté que généralement les dimensions des ailes augmentent en fonction du poids de l'oiseau. Parmi les questions que soulève l'analyse du vol des oiseaux, deux sont particulièrement intéressantes car elles concernent l'envol et l'atterrissage. Les modalités de ces deux phases varient selon l'espèce. Certains oiseaux doivent atteindre une vitesse suffisante pour pouvoir décoller. C'est ce que l'on observe chez les vautours (quand ils partent d'un endroit plat), chez de grands oiseaux marins comme les albatros et chez diverses espèces d'oiseaux d'eau douce, comme les foulques noires. Ces dernières courent rapidement sur l'eau tout en battant des ailes avant de pouvoir prendre leur essor.

D'autres oiseaux profitent de la position élevée d'un perchoir pour acquérir l'élan initial indispensable, mais de nombreux oiseaux s'envolent sur place sans difficulté et se contentent de sauter verticalement tout en battant des ailes. C'est le cas de la corneille noire ou du canard colvert. Pour atterrir ou se poser sur l'eau, l'oiseau doit réduire fortement sa vitesse, et pour cela il se sert de sa queue à titre de frein. Il l'étale complètement, donne de petits coups d'ailes rapides et redresse le corps. Au moment même de l'atterrissage, les pattes et le bassin supportent un choc assez grand, mais la souplesse de leurs articulations et leur robustesse leur permettent de supporter aisément cet impact. Les oiseaux-mouches ou colibris pratiquent un type de vol absolument extraordinaire, et sans égal dans la classe des oiseaux. On l'appelle parfois vol vibré, car il ressemble tout à fait à celui des insectes. Les colibris sont non seulement capables de voler sur place mais aussi de voler à reculons, exactement comme les abeilles ou les guêpes. Ils doivent cette faculté à la forme du squelette de leurs membres antérieurs. L'humérus, très court, forme avec l'ensemble radius-cubitus, une sorte de V ; en outre, la main est plus longue que le bras et l'avant-bras réunis. Enfin, leurs ailes sont mues par une musculature extrêmement puissante.

On sait que le vol entraîne de grandes dépenses d'énergie, or on a remarqué que certaines espèces qui se déplacent en groupes pendant les migrations adoptent une formation particulière. Les études faites ont montré que cette disposition leur permettait d'économiser l'énergie. Chez quelques espèces de grande taille la formation adoptée est la file indienne (c'est le cas des cormorans) : chaque oiseau suit exactement celui qui le précède ; d'autres oiseaux se disposent en un V renversé dont la pointe est tournée dans le sens du déplacement. C'est ce que font des oies, certains canards, des pélicans, la grue cendrée et quelques limicoles. Dans ce cas les battements engendrent des tourbillons ascendants à l'extrémité des ailes, et l'oiseau le plus proche peut en profiter, ce qui réduit d'autant ses efforts. L'oiseau de tête occupe une position clef et est souvent remplacé.

Les performances aériennes des oiseaux sont souvent remarquables et au cours de leurs migrations certains franchissent des distances surprenantes.

▲ Manchots Adélie (*Pygoscelis adeliae*)

Loriquet australien ▶

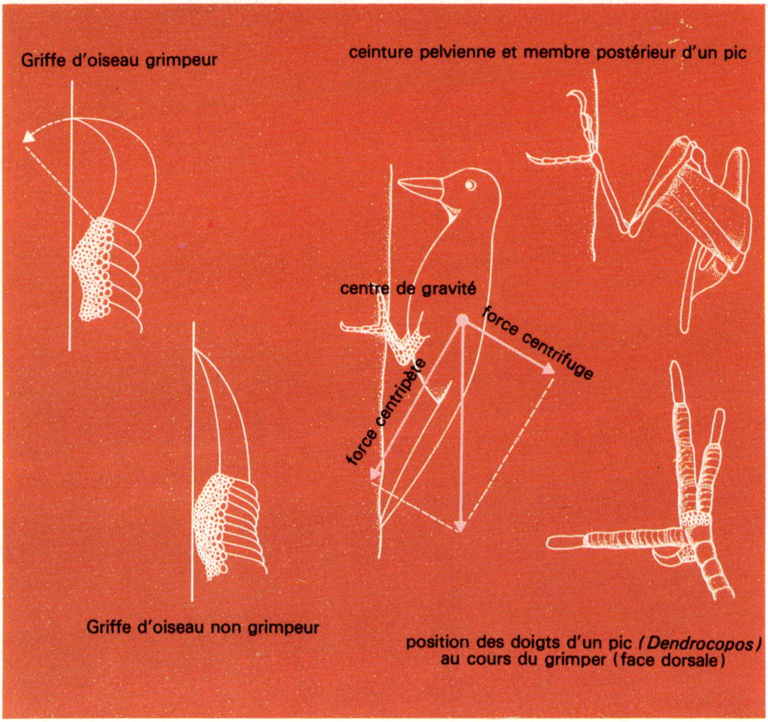

▲ Griffes ▲ Comment les pics escaladent les arbres

Ainsi la sterne arctique, considérée comme l'un des plus grands voyageurs, parcourt environ dix-sept mille kilomètres pendant sa migration postnuptiale. On a estimé que les martinets font quotidiennement un millier de kilomètres et que, dans le même laps de temps, une mésange bleue franchit à peu près cent kilomètres au cours de ses multiples allées et venues pour donner la becquée à ses petits (elle les nourrit environ trente à quarante fois par heure). La vitesse du vol est variable selon que l'oiseau se déplace pour chercher sa nourriture, aller à son nid ou surveiller son territoire. Elle est très grande quand il se précipite sur une proie pour la capturer ou qu'il s'efforce d'échapper à un prédateur. Enfin, durant la migration, la vitesse moyenne est souvent intermédiaire entre le minimum et le maximum observés au cours de ces diverses circonstances. En migration on a constaté que la vitesse de la caille pouvait varier entre 48 et 91 km/h, et celle de la tourterelle des bois entre 61 et 72 km/h. Quand il fonce en piqué sur sa proie, le faucon pélerin fait parfois du 290 km/h, maximum jamais enregistré. Sur de très courtes distances

Pic épeiche (*Dendrocopus major*) mâle ▶

les martinets font du 200 km/h mais le plus souvent ils ne dépassent pas 90 ou 100 km/h. L'altitude du vol varie elle aussi notablement selon les espèces, leur habitat et leur façon de migrer (de jour ou de nuit). Dans les Andes, on a observé le condor à six mille mètres au-dessus du niveau de la mer, et dans l'Himalaya le gypaète barbu s'élève jusqu'à huit mille mètres ainsi que d'autres rapaces et les chocards. En migration plusieurs espèces de limicoles et d'anatidés survolent chaque année l'Himalaya, le record étant détenu par une troupe d'oies observées à Dehra Dun (Indes) : ces oiseaux volaient à neuf mille mètres ! Toutefois le 29 novembre 1973 en Côte d'Ivoire un avion de ligne est entré en collision avec un vautour de Rüppell à douze mille mètres !

Des oiseaux qui fuient en courant...

A terre les oiseaux se déplacent en marchant, en courant ou en sautillant.

▼ Plongeon arctique (*Gavia arctica*)

Les grand oiseaux coureurs (ratites), incapables de voler, ont des pattes d'une robustesse exceptionnelle et avancent très rapidement. A l'opposé, diverses espèces comme les martinets, les colibris et quelques artamidés ne se posent presque jamais à terre en raison de la structure particulière de leurs pattes. Ils peuvent seulement s'accrocher à des parois verticales ou se percher sur des branches. De nombreux oiseaux marchent, par exemple la corneille noire, l'étourneau sansonnet, les perdrix, les outardes et les pintades. Il s'agit souvent, mais pas toujours, d'espèces aux habitudes typiquement terrestres et qui généralement ne s'envolent que si un danger les menace, bien qu'elles préfèrent fuir en courant. D'autres au contraire se déplacent à terre en faisant des bonds successifs, c'est le cas des petits oiseaux arboricoles (rouge-gorge par exemple). La forme des pattes donne généralement une bonne idée des habitudes de chaque espèce, et elle est souvent étroitement adaptée au genre de vie.

Certains oiseaux méritent le nom de grimpeurs parce qu'ils passent une grande partie de leur existence à escalader les troncs et les branches des arbres. Leurs pattes sont courtes, robustes, mais la disposition de leurs doigts peut varier. Contrairement à ce que l'on croit souvent, ils ne sont pas toujours disposés deux par deux en avant et en arrière. Leurs griffes fortement recourbées facilitent l'accrochage sur les surfaces verticales. Chez les pics, grimpeurs par excellence, et chez d'autres espèces, les plumes de la queue sont modifiées et l'oiseau s'appuie sur elles s'il s'arrête au cours de son ascension (elles ont un rachis très raide et une extrémité pointue).

De nombreux oiseaux sont capables de nager et même de plonger. Quelques-uns atteignent parfois des profondeurs considérables : les plongeons, qui méritent bien leur nom, s'enfoncent jusqu'à cinquante-cinq mètres au dessous de la surface, mais la plupart du temps ils ne dépassent guère cinq à dix mètres. Le manchot empereur est probablement le champion des oiseaux plongeurs car il peut s'enfoncer à deux cent soixante-cinq mètres de profondeur. La durée de l'immersion varie, bien que le plus souvent elle n'excède pas une ou deux minutes et soit même beaucoup plus brève. Les plus aquatiques des oiseaux sont sans nul doute les manchots (incapables de voler) parfaitement adaptés à l'existence dans l'eau. Leurs membres antérieurs sont de véritables nageoires grâce auxquelles ils se propulsent à des vitesses atteignant trente-six kilomètres à l'heure au maximum. Tous les oiseaux aquatiques (sauf les cormorans) ont un plumage imperméable parce qu'ils l'enduisent avec la sécrétion grasse de leur glande uropygienne, mais aussi parce qu'ils le lissent régulièrement et remettent en place ses plus petits éléments.

D'où vient la couleur de leur plumage ?

La vue est avec l'ouïe l'un des sens dominants dans l'existence des oiseaux. Leur vision est précise et ils perçoivent les couleurs. Chez eux les moyens de communication sont acoustiques et optiques, alors que les mammifères (à l'exception des primates) se fient essentiellement à leurs sensations olfactives, quoique l'ouïe joue aussi un grand rôle pour eux. Il en résulte que le plumage des oiseaux a souvent des couleurs très vives ayant une grande importance

▲ Cariama huppé (*Cariama cristata*)

dans leur comportement social et sexuel. Comme le dit Jean Dorst (1973) « ces couleurs sont produites de diverses manières. Les unes ont leur origine dans des mécanismes relativement simples, faisant appel à des substances à haut pouvoir absorbant : les pigments. Ces corps chimiques absorbent une fraction des rayons lumineux incidents, les filtrent et ne renvoient qu'une partie du spectre. La lumière blanche est ainsi transformée, et la surface portant ces pigments prend une couleur déterminée par la nature du corps pigmentaire et la qualité de son absorption spectrale. Dans d'autres cas, l'effet coloré, dû à des phénomènes optiques plus complexes, est produit au niveau de structures beaucoup plus fines faisant appel à des réflexions sur des milieux hétérogènes ou à des interférences. La structure fine de la plume intervient dans tous les cas pour modifier l'apparence colorée. On comprend aisément que le jeu de tous ces facteurs peut entraîner une gamme d'« impressions colorées » variant presque à l'infini ».

Au nombre des pigments responsables des couleurs, on compte les méla-

▲ Guêpiers écarlates (*Merops nubicus*)

nines qui proviennent des aliments renfermant des acides aminés. Ceux-ci sont transformés par les enzymes. Les mélanines produisent les teintes noires, grises, brunes et beiges. Les caroténoïdes (encore appelés lipochromes parce qu'ils sont solubles dans les graisses) sont également obtenus par l'intermédiaire des aliments. Ils sont à l'origine de la majeure partie des jaunes et des rouges ainsi que de leurs variantes. Les porphyrines produisent certains rouges. La touracine est un pigment très particulier qui peut se décolorer ou déteindre sur l'oiseau vivant. Pour l'obtenir il n'est pas nécessaire de procéder à son extraction en broyant les plumes. Ce pigment forme les taches rouge foncé présentes sur les ailes des espèces de la famille des musophagidés (touracos), membres de l'ordre des cuculiformes.

La couleur bleue n'est pas due à des pigments mais à la réflexion et à l'absorption de la lumière blanche incidente à la surface ou à travers des milieux hétérogènes. Elle est donc d'origine physique et non pas chimique. J. Dorst (1973) a décrit en détail l'origine de ce phénomène. « Quand un rayon de lumière blanche traverse un milieu hétérogène constitué par des particules minuscules en suspension, celles-ci déterminent une infinité de réflexions à leur niveau. L'expérience montre que les radiations de courte longueur d'onde, dans la partie rouge du spectre, sont plus intensément absorbées que les radiations bleues au contraire plus intensément réfléchies. Il en résulte que la lumière émanant du milieu en question, par réflexion, sera plus riche en rayons bleus et paraîtra de cette couleur. Au contraire, vu par transparence, le milieu en question paraîtra rouge. C'est ainsi que les physiciens expliquent la couleur bleue du ciel, les rayons solaires étant en partie absorbés par les poussières cosmiques flottant à une certaine altitude. La coloration bleue des oiseaux est obtenue de la même manière au niveau de plumes hautement spécialisées». La couleur verte (sauf certaines exceptions comme les touracos, où elle est d'origine pigmentaire) et la couleur violette sont dues à la même cause.

Le plumage d'une espèce peut présenter plusieurs types de coloration que l'on trouve parfois réunis dans une même plume. Certaines couleurs dites «adhérentes» sont dues à la sécrétion de la glande uropygienne qui est colorée chez diverses espèces, ou bien à la présence d'oxyde de fer qui assombrit le plumage de la partie ventrale du corps. Un exemple classique à cet égard est celui du gypaète barbu, qui a le dessous du corps plus ou moins teinté de roussâtre. Enfin, des souillures ou la pollution par la suie contribuent également à changer la coloration originelle. Les couleurs se modifient par suite de l'usure des barbes, de l'influence du soleil sur certains pigments et surtout de la mue.

Le chemin des aliments

L'appareil digestif a subi des transformations considérables en rapport avec la faculté de voler. En premier lieu, les mâchoires des oiseaux diffèrent profondément de celles des mammifères parce que le bec sert uniquement à saisir les aliments et éventuellement à les lacérer ou les diviser en fragments (c'est le cas pour les graines, les fruits, etc.) de façon à faciliter leur ingestion. Les oiseaux ne mastiquent pas leur nourriture et l'avalent directement. En raison du taux très élevé de leur métabolisme ils ont besoin de manger souvent, et leur appareil digestif est conçu de façon à assurer la transformation rapide des aliments puisque ceux-ci représentent le «carburant» nécessaire au fonctionnement de l'orgagnisme. Cependant, les oiseaux n'ont pas tous un métabolisme du même niveau que celui de nombreux passereaux, des colibris et des martinets. Seules les espèces incapables de voler possèdent en permanence des dépôts de graisse servant de réserve énergétique. Le bec est formé par les os maxillaires et un revêtement corné comprenant une seule plaque pour chaque mandibule. Cependant, chez les procellariiformes (albatros, puffins et pétrels), il y a plusieurs plaques juxtaposées, bien visibles. L'enveloppe cornée est appelée ramphothèque. L'oiseau se sert de son bec pour prendre sa nourriture, lisser son plumage, faire son nid, etc., c'est pourquoi la partie terminale de cet appendice s'use constamment, surtout chez les pics, qui utilisent leur bec pour creuser le bois. Une croissance continue compense cette abrasion. Le bec possède des organes sensoriels

Flamant rose (*Phoenicopterus ruber ruber*) ▶

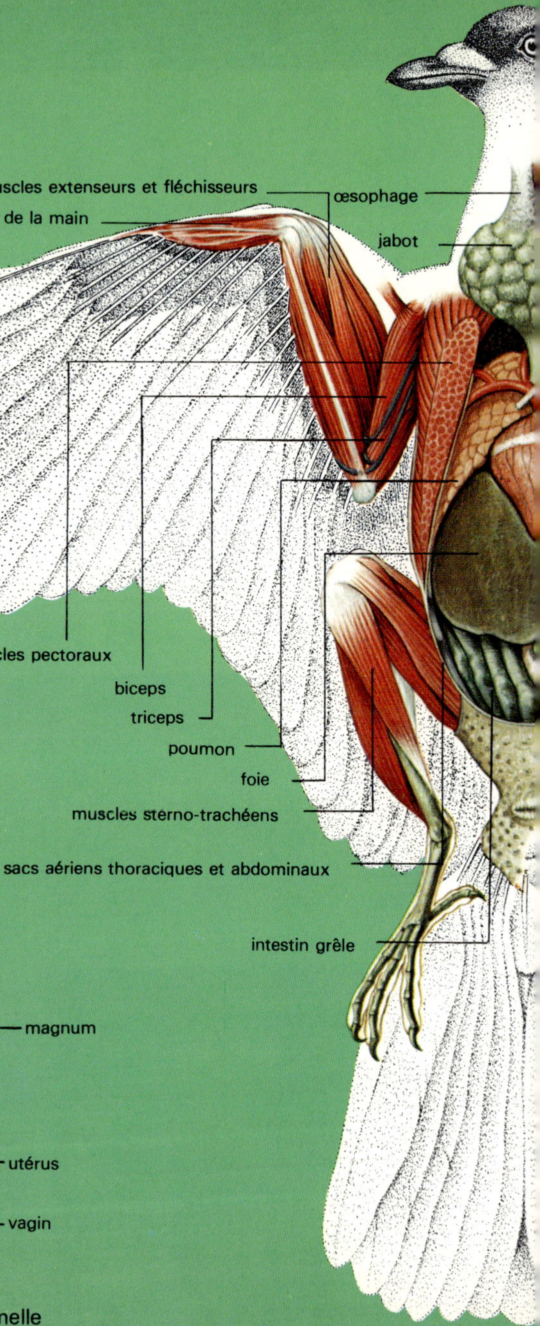

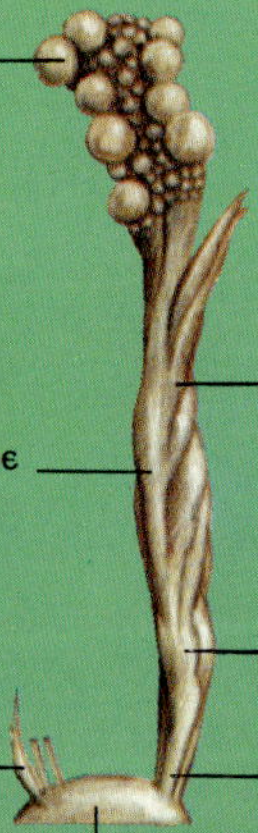

Appareil génital femelle

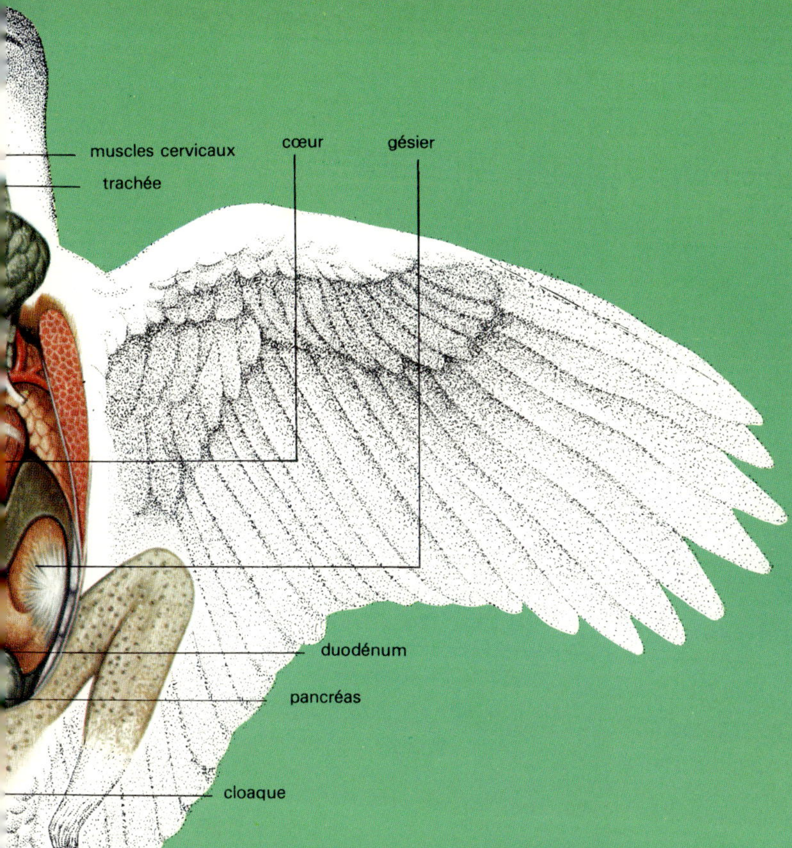

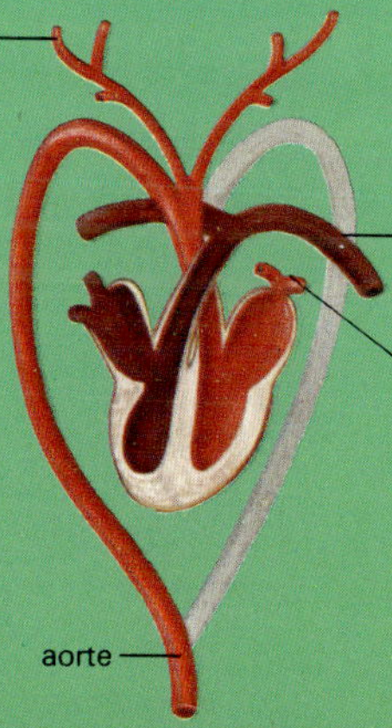

Cœur et principaux vaisseaux sanguins

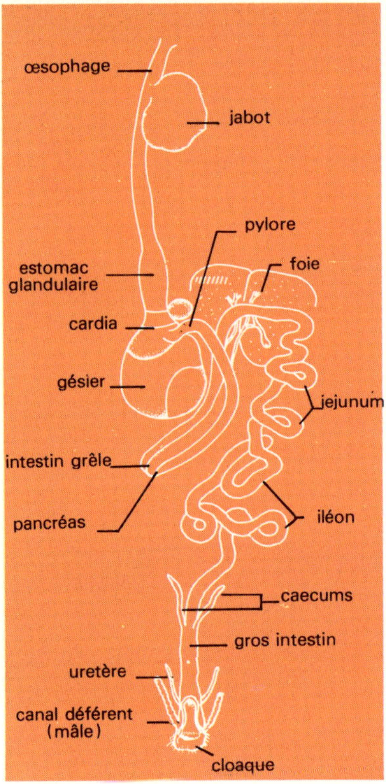

▲ Appareil digestif d'un oiseau

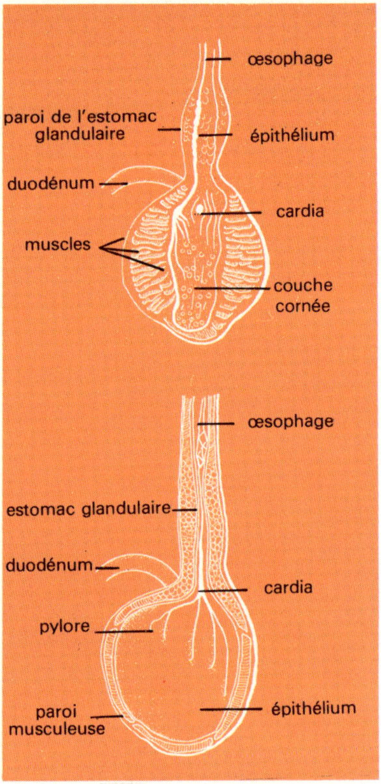

Gésier d'un oiseau granivore (en haut) ▲
et d'un oiseau carnivore (en bas)

qui, chez de nombreuses espèces, facilitent la prise ou l'identification des aliments. C'est le cas des limicoles, spécialement adaptés à la recherche de proies obtenues en fouillant la vase des marais ou du littoral. Chez eux l'extrémité du bec porte des organes sensibles au toucher.

Pourvue de corpuscules tactiles, la langue est très mobile. Sa forme et ses dimensions varient fortement. Mise à part sa région postérieure, la cavité buccale est recouverte d'un tégument assez dur et corné. Au cours de la déglutition, les mouvements de la tête envoient la nourriture dans le pharynx. A ce moment les choanes (ouvertures faisant communiquer les fosses nasales avec le palais) se ferment automatiquement, et simultanément les voies respiratoires sont obturées. Les aliments peuvent alors traverser l'œsophage. Les glandes salivaires sont assez développées chez les oiseaux granivores et insectivores ; elles le sont beaucoup moins chez les espèces aquatiques. Elles

◀ Pages précédentes : anatomie sommaire d'un oiseau

atteignent leur développement maximal chez les pics. A la base de la cavité buccale ceux-ci possèdent deux glandes salivaires dont la sécrétion enduit la langue et la rend gluante. Enfoncée dans les trous du bois, celle-ci ramène les insectes qui se sont collés à sa surface. Les glandes salivaires sont également très volumineuses chez les geais, les hirondelles et les martinets. Chez ces derniers leur volume augmente durant la saison de reproduction car la salive sert à cimenter les matériaux du nid, fétus de paille et autres débris saisis dans l'espace. Chez les martinets du genre *Collocalia,* vulgairement appelés salanganes, les nids eux-mêmes sont presque uniquement formés de salive séchée.

Entre le pharynx et l'estomac se trouve l'œsophage, tube mou qui, chez certaines espèces, présente un élargissement jouant le rôle de réservoir temporaire pour le stockage des aliments. Cette poche est appelée jabot. Elle est particulièrement bien développée chez les pigeons et tourterelles, les perroquets et perruches, ainsi que chez les gallinacés. L'oiseau accumule la nourriture avalée hâtivement, et plus tard elle passera dans l'estomac pour y être digérée. Pendant la période de reproduction le jabot des pigeons et des tourterelles est le siège d'un curieux phénomène. En effet, à partir du huitième jour de l'incubation et jusqu'au seizième jour après l'éclosion, les parois de cet organe produisent chez les deux sexes une substance qui servira de nourriture exclusive puis complémentaire aux oisillons.

Le «lait de pigeon»

La formation de ce «lait de pigeon» est déclenchée par une hormone de l'hypophyse, la prolactine. Le «lait de pigeon» n'est pas une sécrétion, mais le résultat de la desquamation massive et continue des cellules des parois, qui forment une masse blanchâtre riche en protéines et en matières grasses. On observe le même phénomène chez les flamants. Chez le manchot empereur et quelques procellariens, les jeunes reçoivent comme première nourriture un liquide présent dans l'œsophage ou l'estomac glandulaire. La fonction digestive du jabot est nulle (il ne renferme aucune glande), sauf chez l'hoazin (*Opisthocomus hoazin*), étrange oiseau des forêts d'Amérique du Sud tropicale où il est énorme et possède d'épaisses parois très musculeuses, ce que l'on n'observe chez aucune autre espèce. Le volume du jabot est tel que les dimensions du sternum s'en trouvent réduites et pour cette raison l'hoazin a des capacités voilières très faibles. En réalité, chez cette espèce, le jabot joue le rôle de l'estomac.

L'estomac comprend deux parties distinctes, l'estomac glandulaire, également appelé ventricule succenturié, et l'estomac musculaire ou gésier. Ces deux éléments remplissent chacun une fonction importante pour la digestion. L'estomac glandulaire, dont les parois sont abondamment pourvues de glandes, produit des sucs digestifs destinés à transformer les protéines alimentaires tandis que le gésier a pour mission d'écraser et d'émietter la nourriture afin de faciliter sa transformation complète. Ainsi, au contraire de ce que l'on observe chez les mammifères, la décomposition chimique précède le broyage mécanique. La forme du gésier varie selon la nature du régime alimentaire.

Chez les espèces carnivores (rapaces diurnes et nocturnes, oiseaux piscivores) c'est une poche extensible à musculature assez réduite. En revanche, chez les oiseaux granivores, c'est un organe aux parois formées de muscles très épais et dont l'intérieur est revêtu d'un feuillet kératinisé destiné à renforcer l'action des muscles. La fragmentation des aliments est également obtenue par l'action de petits graviers que les oiseaux avalent régulièrement. Des oiseaux appartenant à divers groupes (rapaces diurnes et surtout nocturnes, hérons, goélands, guêpiers, corbeaux, pies-grièches, etc.) régurgitent les éléments indigestes sous forme de boulettes appelées pelotes de réjection. L'analyse de ces débris et leur identification (il s'agit essentiellement d'os de petits mammifères, d'oiseaux, d'amphibiens, d'élytres de coléoptères, de poils, etc.) ont permis de connaître de façon très détaillée le régime alimentaire de ces espèces.

L'intestin des oiseaux possède les mêmes divisions que celui des mammifères, mais du point de vue histologique certaines sont moins bien définies. Après le gésier vient tout d'abord l'anse duodénale où débouchent les conduits venant du pancréas et ensuite les canaux biliaires issus du foie. Le pancréas sécrète le suc pancréatique, qui joue un rôle dans la digestion et produit diverses hormones dont la plus connue est l'insuline. Chez les oiseaux le foie est la plus grosse glande de l'organisme et il comprend deux lobes. On peut résumer comme suit ses principales fonctions : il produit la bile, accumule des réserves de fer, règle la quantité de glucose présente dans le sang, sert de centre de formation des globules rouges chez les jeunes oiseaux et enfin retire du sang certaines substances de déchet. Après les canaux biliaires vient l'iléon puis, à la limite de l'intestin grêle et du gros intestin, se trouvent deux caecums particulièrement développés chez les oiseaux herbivores. Les caecums sont très réduits chez les martinets et les colibris et presque inexistants chez les procellariiformes, les rapaces, les perroquets et les martins-pêcheurs. Enfin, au rectum fait suite le cloaque dans lequel débouchent également les conduits en provenance des reins et des organes sexuels.

Pour éliminer les déchets...

En raison du haut niveau de leur métabolisme les oiseaux doivent éliminer rapidement les déchets produits par le fonctionnement de leur organisme. Leur appareil excréteur répond parfaitement à cette exigence. La structure générale des deux reins ne diffère pas essentiellement de celle que l'on observe chez les autres vertébrés. Ils possèdent des glomérules, moins nombreux toutefois que chez les mammifères, qui filtrent le sang et retiennent les déchets. L'urine contient une très forte proportion d'acide urique (c'est la même chose chez les reptiles) et fort peu d'urée (c'est le contraire chez les mammifères).

Les oiseaux n'ont pas de vessie à l'exception de l'autruche chez laquelle la bourse de Fabricius en tient lieu. De couleur blanche, l'urine a un aspect pâteux et se mêle aux excréments dans le cloaque avant d'être expulsée simultanément. Chez les oiseaux marins, qui absorbent de grandes quantités de sel en buvant l'eau de mer et en mangeant leurs proies, le sel en excès est éliminé par des glandes spéciales qui s'ouvrent dans les fosses nasales et rejettent leur sécrétion sous forme de gouttelettes après chaque repas.

Calaos à bec jaune (*Lophoceros flavirostris*) ▶

Les avantages et les inconvénients de l'oviparité

Les oiseaux sont des animaux ovipares ayant le même mode de reproduction que leurs ancêtres les reptiles. L'oviparité facilite d'autant plus les économies de poids indispensables chez des animaux qui se déplacent en volant que le volume des organes sexuels varie fortement selon les saisons. Chez les mammifères, l'embryon se développe pendant une période plus ou moins longue à l'intérieur du corps de la femelle, et ceci entraîne un alourdissement prolongé. Malgré les avantages de l'oviparité les oiseaux sont particulièrement exposés aux dangers provenant des conditions climatiques et des prédateurs durant deux phases de leur cycle reproducteur, à savoir la ponte et l'incubation.

La vie sexuelle des oiseaux

Chez les mâles, les deux organes reproducteurs (testicules) sont situés dans la cavité abdominale à l'extrémité supérieure des reins et non pas dans un scrotum comme chez les mammifères. Cette disposition est une adaptation qui contribue également à faciliter le vol. A l'approche de la période de reproduction, le volume des testicules augmente de façon considérable (ils peuvent être deux cents à trois cents fois plus gros qu'au début de l'hiver). Ils se trouvent alors en contact avec les sacs aériens abdominaux, et leur température diminue quelque peu, ce qui favorise la formation des spermatozoïdes (spermatogenèse). Ces cellules reproductrices traversent l'épididyme et le canal déférent qui débouche dans le cloaque. Les oiseaux ne possèdent pas d'organe copulateur ; cependant chez les ratites, les canards et certains cracidés (les hoccos) il existe un organe érectile, évaginable, qui joue le même rôle qu'un pénis et qui représente une structure primitive. L'accouplement est réalisé par le rapprochement du cloaque du mâle avec celui de la femelle. Il est extrêmement rapide mais peut être répété fréquemment. L'appareil génital femelle comprend un seul ovaire fonctionnel, l'ovaire gauche, qui n'entre en activité que pendant la période de reproduction. Sauf chez certains falconiformes l'ovaire droit est atrophié et non fonctionnel. Une autre exception est celle des kiwis, chez lesquels les deux ovaires sont presque toujours présents et fonctionnels. Après avoir quitté l'ovaire, chaque ovule est fécondé. Devenu œuf, il passe dans l'oviducte où il acquiert les différents éléments qui le caractérisent. Dans l'oviducte on distingue le pavillon ou infudibulum, un segment glandulaire ou magnum où se forme l'albumen (blanc de l'œuf), une partie appelée isthme au niveau de laquelle les membranes coquillières sont ajoutées et enfin l'utérus où la coquille est produite. De là, l'œuf passe dans le vagin et enfin dans le cloaque.

Comment reconnaître les mâles et les femelles

Chez les oiseaux le nombre des chromosomes est généralement élevé et varié puisque, dans l'état de nos connaissances actuelles, il y en a entre soixante et quatre-vingt-quatre. Le sexe est déterminé génétiquement. A l'éclosion, le rapport des sexes (sex-ratio) est à peu près égal à 1:1, c'est-à-dire qu'il y a autant de mâles que de femelles. Cependant, chez certains passereaux et canards, ce rapport paraît en faveur des mâles, alors que chez quelques grands rapaces et galliformes on observe l'inverse. De nombreuses espèces présentent un dimorphisme sexuel, autrement dit une différence apparente permettant de reconnaître immédiatement un oiseau mâle d'un sujet femelle. Ainsi les mâles ont souvent un plumage richement coloré ou possèdent des plumes ornementales, une taille supérieure à celle des femelles, etc. Cependant, on connaît un petit nombre d'espèces où les femelles ont une livrée plus brillante que celle des mâles, et dans ce cas le rôle des mâles pendant la période qui précède l'accouplement est quelquefois dévolu aux femelles. En effet ce sont elles qui paradent et prennent l'initiative de la copulation ; en outre chez ces oiseaux, les femelles s'accouplent avec plusieurs mâles, ne font pas le nid, ne couvent pas les œufs et ne s'occupent pas du tout des petits, ces tâches étant réservées aux mâles. Cette inversion des caractères sexuels secondaires doublée d'un changement des rôles des partenaires caractérise les turnix, les rhynchées ou bécasses peintes et les phalaropes.

D'une façon générale l'aspect du plumage et ses variations saisonnières dépendent de l'action conjuguée des facteurs génétiques et des hormones, par exemple celles que sécrètent les glandes sexuelles (gonades) et l'hypophyse. Les physiologistes ont étudié le rôle des hormones en provoquant expérimentalement des situations anormales. Ainsi ils se sont aperçus que si l'ablation des testicules d'un jeune coq entraîne une modification de son plumage qui perd ses ornements, celle de l'ovaire chez une poule détermine une masculinisation qui se reflète également dans la forme des plumes. Ces expériences ont donc permis de connaître en détail l'importance des sécrétions hormonales dans la physiologie et le comportement. Les hormones sexuelles exercent une influence directe sur le plumage, les caroncules (par exemple sur la crête) et le bec, qui parfois change de couleur à l'approche de la période de reproduction (gros-bec par exemple).

L'hermaphrodisme est une anomalie qui a déjà été observée chez les oiseaux. Les hormones sexuelles ont une influence capitale sur le comportement des sujets mâles et femelles. Divers éléments du comportement reproducteur, comme le chant, la défense d'un territoire, les parades nuptiales..., et l'agressivité dépendent directement de la quantité d'hormones sécrétée par les glandes endocrines. La preuve en est qu'après la castration ces manifestations disparaissent complètement. On peut donc affirmer que les différentes phases du cycle reproducteur sont directement contrôlées par les hormones et notamment celles que produisent les glandes sexuelles et l'hypophyse. A son tour le fonctionnement de ces organes dépend de facteurs du milieu ambiant. Comme pour toutes les autres manifestations de la vie, c'est donc la combinaison d'influences internes et externes qui détermine les différentes étapes du cycle reproducteur annuel. Parmi les facteurs externes dont le rôle est extrêmement important puisqu'ils créent les conditions favorables à la reproduction, il convient de signaler la photopériode, c'est-à-dire la durée de l'éclairement quotidien dans la région où vit l'oiseau. L'augmentation de la photopériode stimule l'organisme des oiseaux dont le rythme d'activité dépend des hormones hypophysaires. On a pu dire que l'hypophyse exerce un rôle prépondérant par rapport aux autres glandes endocrines. Elle détermine en partie la mue et est responsable de la disposition à migrer, état particulier

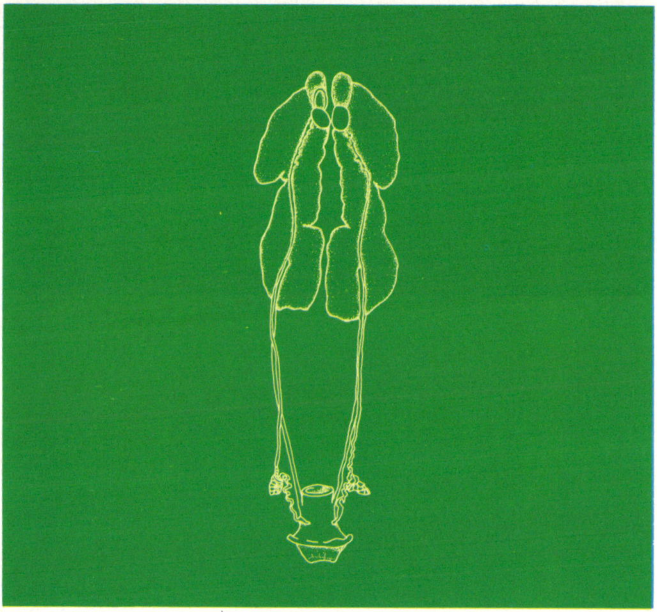

▲ Appareil génital d'un moineau domestique mâle

▼ Structure de l'œuf de poule domestique

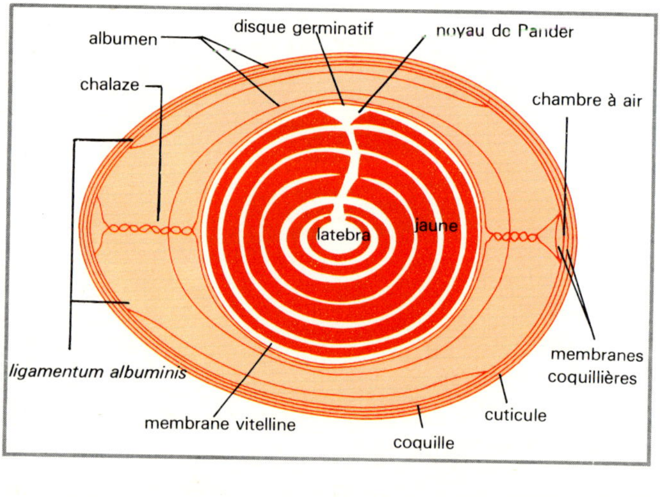

que l'on observe chez les oiseaux avant leur départ en migration. L'action de l'hypophyse est si importante que, dans quelques cas, certaines espèces de l'hémisphère austral, transportées dans l'hémisphère Nord, ont conservé le rythme reproducteur saisonnier qu'elles avaient dans leur pays d'origine.

Jean Dorst (1973) écrit à ce sujet : « Bien que soumis aux mêmes conditions du milieu ambiant, ces oiseaux réagissent différemment et répondent à l'approche du printemps avec une chronologie adaptée aux fluctuations des conditions de leur aire d'origine. La maturation sexuelle des migrateurs doit forcément se faire, au moins en partie, selon un rythme inné, de manière à coïncider avec le rythme des saisons dans leur aire de reproduction, souvent située à des milliers de kilomètres de leurs lieux d'hivernage. La sélection a joué au cours de l'évolution pour ajuster le rythme de ces oiseaux, qui paraissent ainsi télécommandés. Cette évolution cyclique sous l'effet d'un rythme interne est cependant simultanément contrôlée par des facteurs externes, au premier chef la lumière, et surtout les variations de durée journalière d'éclairement, ou photopériode ».

Des expériences faites sur différentes espèces ont montré qu'en augmentant artificiellement la durée de l'éclairement quotidien on pouvait induire un développement hors saison des glandes sexuelles. La photopériode est donc responsable de la croissance des gonades et de la maturation des cellules sexuelles des mâles et des femelles tandis que la température de l'air et la quantité de nourriture disponible dans le milieu ambiant semblent avoir une influence sur l'ovulation et indirectement sur le comportement de construction du nid. Après la saison de reproduction vient une période pendant laquelle les oiseaux ne nichent pas, même si on les place dans une pièce où l'on augmente artificiellement la durée du jour. C'est la raison pour laquelle les migrateurs des régions tempérées venus passer la mauvaise saison sous les tropiques, après avoir niché, ne s'y reproduisent pas. Le cycle reproducteur dépend donc dans une certaine mesure de plusieurs facteurs externes, comme les ressources alimentaires et les conditions climatiques, mais aussi d'un rythme interne déterminé par l'hypophyse, et surtout de la photopériode. Il convient de préciser que ceci vaut seulement pour les oiseaux qui habitent l'hémisphère Nord.

L'œuf : la première demeure

L'œuf est un produit de l'appareil reproducteur femelle. Après l'accouplement un certain nombre d'ovules sont fécondés par autant de spermatozoïdes, et ces œufs traversent les différentes parties de l'oviducte, où chacun recevra les éléments qui le caractérisent depuis l'albumen jusqu'à la coquille. Entre la fécondation et la ponte il se passe environ vingt-quatre heures ou davantage. Au moment où il est pondu, l'œuf est une petite merveille, un véritable microcosme dans lequel l'embryon est à l'abri et dispose de tous les éléments nutritifs qui lui sont nécessaires, à l'exception de l'oxygène qu'il reçoit par les pores, minuscules ouvertures percées dans la coquille.

De l'extérieur vers l'intérieur, l'œuf comprend successivement la coquille, perméable aux gaz et presque exclusivement formée de calcaire (elle renferme jusqu'à 97 pour 100 de carbonate de calcium). La coquille comprend trois couches superposées. On trouve ensuite les deux membranes coquillières étroitement accolées, sauf au niveau du gros bout où elles se séparent pour former la « chambre à air ». Vient ensuite l'albumen, encore appelé blanc, dont la composition chimique est généralement constante selon l'espèce, ce qui a permis de faire des analyses par électrophorèse en vue de déterminer les affinités des espèces faisant partie d'une même famille ou de groupes différents. Cette méthode, très intéressante pour les systématiciens, a été mise au point par l'Américain Sibley. Après le blanc on trouve la membrane vitelline qui entoure le jaune et enfin, à la surface de celui-ci, le disque germinatif ou embryon. Après la fusion de l'ovule et du spermatozoïde l'embryon commence à se développer bien que l'œuf ne soit pas encore pondu. Puis sa croissance s'arrête et ne reprendra que si l'œuf est couvé. La coquille peut être assez fine (œufs des pigeons et des limicoles) ou au contraire très épaisse (cas des francolins, où elle représente jusqu'à 28 pour 100 du poids de l'œuf). La composition chimique de l'œuf de la poule domestique est la suivante : eau, 65,6 pour 100 ; protéines, 12,1 pour 100 ; matières grasses (lipides), 10,5 pour 100 ; sucres, 0,9 pour 100 ; sels minéraux, 10,9 pour 100.

Surtout voir et entendre...

La vue et l'ouïe sont les deux sens les plus développés chez l'immense majorité des oiseaux. Qu'il s'agisse de la recherche quotidienne de la nourriture, du cycle reproducteur (parades nuptiales, etc.), de la vie en société, de la défense ou de l'attaque, toutes ces activités supposent l'existence d'organes sensoriels perfectionnés grâce auxquels l'animal peut réagir rapidement aux différentes situations. Les autres sens jouent un rôle secondaire (sauf exceptions) et sont beaucoup moins affinés. L'odorat par exemple, que l'on connaît encore très imparfaitement chez les oiseaux malgré des recherches expérimentales, est le plus souvent assez faible. Des travaux récents ont montré qu'il pourrait aider certains procellariiformes à découvrir leur nourriture à la surface de la mer, et en Italie, F. Papi a indiqué qu'il joue peut-être un rôle dans l'orientation des pigeons. En revanche d'autres études ont prouvé qu'il n'a aucun rôle dans la recherche de la nourriture chez la plupart des vautours, sauf exceptions.

L'appareil nerveux

L'appareil nerveux comprend un système nerveux central, un système nerveux périphérique, un système autonome et les organes des sens. Le premier se compose essentiellement de l'axe cérébro-spinal ou neuraxe, dans lequel on distingue l'encéphale enfermé dans la boîte crânienne et la moelle épinière que protègent les vertèbres. Encéphale et moelle n'entrent pas en contact direct avec la surface des os qui les entourent car ils sont enveloppés par les méninges entre lesquelles circule le liquide cérébro-spinal ou céphalorachidien. Le système nerveux périphérique est formé d'un ensemble de nerfs et de ganglions. Rappelons que les nerfs peuvent provenir de la moelle épinière ou de l'encéphale. Le système nerveux autonome comprend des nerfs sympathiques et parasympathiques qui exercent une action antagoniste. Il règle la vie végétative, c'est-à-dire le fonctionnement des organes tels que l'estomac, le foie, l'intestin, les glandes, les vaisseaux sanguins, etc. Enfin, les organes des sens permettent la vision, l'audition, la perception des odeurs, des goûts et des contacts. L'encéphale est divisé en trois parties, le cerveau antérieur, le cerveau médian et le cerveau postérieur, que les spécialistes appellent respectivement télencéphale, mésencéphale et rhombencéphale. Le cerveau antérieur comprend deux hémisphères cérébraux au-dessous desquels se trouve le diencéphale.

Le cerveau moyen joue un rôle essentiel pour la perception visuelle de l'environnement. Dans le cerveau postérieur on distingue plusieurs parties ; la plus importante est le cervelet, centre de coordination des mouvements et des contractions musculaires, dont le rôle est capital chez des animaux capables de voler. Les dimensions du cerveau varient selon les espèces. Dorst (1973) a cité les différences de poids de l'encéphale chez des oiseaux pesant tous de quatre-vingts à quatre-vingt-dix grammes.

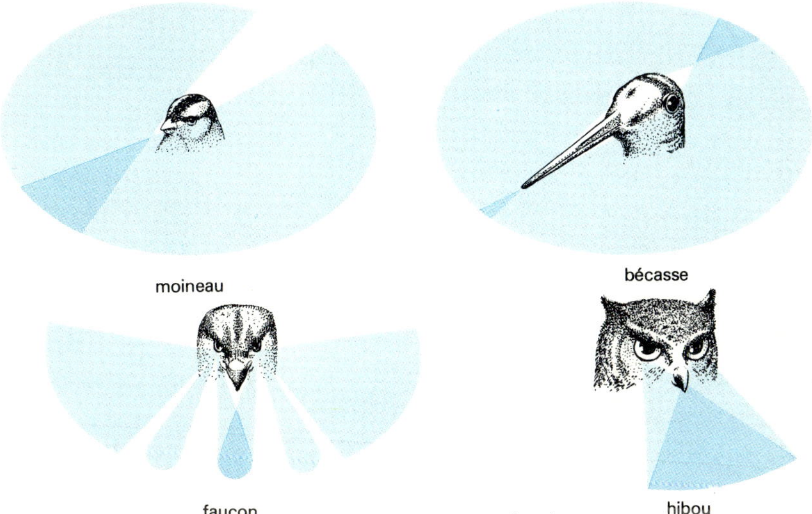

Exemples de champs visuels

Des yeux très perfectionnés

Tous les oiseaux ont des yeux perfectionnés car les impressions visuelles ont une très grande importance dans leur existence. Les dimensions du globe oculaire sont remarquables chez certaines espèces comme le hibou grand duc et le faucon pélerin où ils sont nettement plus volumineux que ceux de l'homme, dont la taille est pourtant très supérieure.

Chez l'immense majorité des oiseaux les yeux occupent une position latérale sur le crâne. L'angle formé par leurs axes atteint 120° chez différents

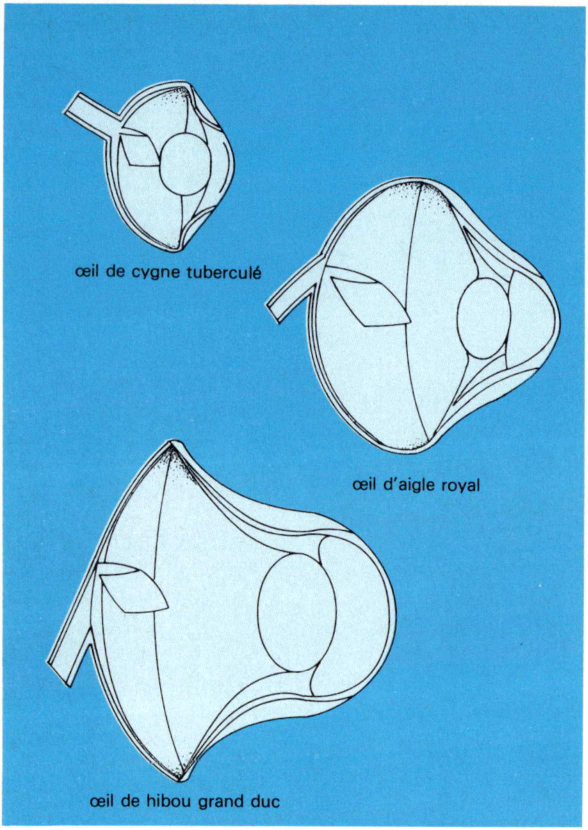

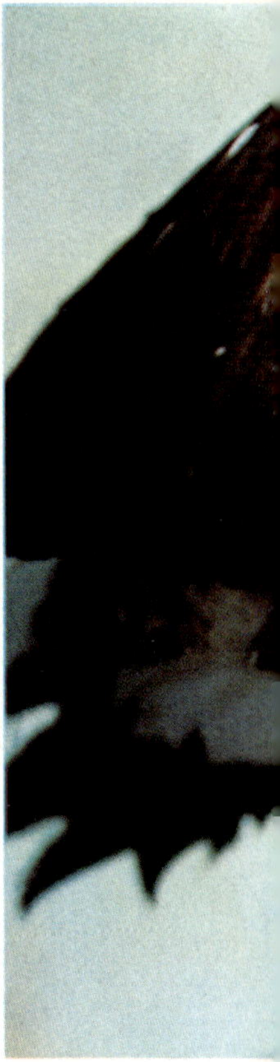

▲ Forme de l'œil chez quelques oiseaux

passereaux et 145° chez les pigeons. Chez les rapaces diurnes et nocturnes il est seulement de 90° parce que leurs yeux sont plus ou moins situés sur la face. Cette particularité s'explique par l'adaptation au genre de vie. Les prédateurs, et plus précisément les rapaces, doivent avoir une excellente vision binoculaire pour repérer leurs proies. Au contraire, chez les autres oiseaux, un grand champ visuel monoculaire est avantageux car il permet d'observer une vaste portion du paysage et d'y déceler un ennemi éventuel. La bécasse des bois (*Scolopax rusticola*), oiseau typiquement forestier, a des yeux situés très haut et fort en arrière sur les côtés de la tête. Grâce à cette disposition elle jouit d'une vision monoculaire postérieure et peut donc parfaitement surveiller les environs tout en cherchant sa nourriture. Le cas échéant elle s'en-

▲ Aigle royal (*Aquila chrysaetos*)

vole rapidement dans l'épais sous-bois sans se cogner contre les branches. La disposition de leurs yeux oblige les rapaces à tourner la tête pour regarder derrière eux ou sur les côtés. La vision en grande partie monoculaire des oiseaux accroît leur champ visuel mais réduit leur perception des distances et la sensation de relief.

Les pigeons ont un champ visuel total de 300°, et chez eux l'angle mort égale 60° en arrière quand ils sont immobiles. En avant, le champ de vision binoculaire se réduit à 30° seulement. Au contraire, chez un oiseau chasseur comme la chouette effraye, le champ total de vision s'élève à 160° seulement ; il est donc bien plus faible que celui des pigeons mais en revanche le champ de vision binoculaire est égale à 60° parce que les yeux sont situés sur la face. D'une façon générale les strigiformes compensent la faiblesse de leur champ visuel en tournant la tête et réussissent presque à regarder derrière eux. A ce sujet l'ornithologiste américain Josselyn van Tyne affirmait que les mouvements réflexes des yeux tendent à être remplacés par des mouvements réflexes du cou. Effectivement, les yeux des oiseaux sont fixes dans leurs orbites, sauf chez quelques espèces comme le butor étoilé (*Botaurus stellaris*), mais les mouvements de la tête compensent cette immobilité.

Pour l'essentiel, la structure de l'œil des oiseaux ressemble à celle que l'on remarque chez les autres vertébrés supérieurs, c'est-à-dire les mammifères. Cependant il présente quelques particularités importantes. La rétine, la plus interne des trois couches formant le globe oculaire, sensible aux rayons lumineux, est extrêmement riche en cellules visuelles (cônes et bâtonnets) dont la proportion varie cependant selon les groupes. Les cônes, cellules permettant la vision des couleurs, sont présents en très grand nombre. Ainsi chez la bergeronnette grise, leur densité est très élevée puisqu'on en a compté

▼ Kiwi ou aptéryx (*Apteryx australis*)

cent vingt mille sur une surface d'un millimètre carré alors que chez l'homme on en trouve seulement dix mille sur une surface identique. Les bâtonnets, cellules sensibles à la lumière, sont beaucoup plus nombreux chez les oiseaux nocturnes (hiboux et chouettes), dont la rétine est presque dépourvue de cônes. En effet une vision colorée leur serait inutile car ils repèrent leurs proies dans l'obscurité. Le nombre des cellules visuelles est extraordinairement élevé dans certaines portions de la rétine. Ainsi il y a un million de cônes par millimètre carré chez la buse variable ou commune (rapace diurne) et seulement deux cent mille chez l'homme dans la zone où la vision est la plus précise et que l'on appelle fovéa. L'œil humain possède une seule fovéa mais chez de nombreuses espèces d'oiseaux, et notamment les prédateurs, il y a deux fovéas (une *fovea centralis* et une *fovea temporalis*) correspondant chacune à l'un des deux types de vision de ces animaux. La fovéa centrale sert à la vision monoculaire et la fovéa temporale intervient pour la vision binoculaire. En outre, l'œil des oiseaux possède un élément particulier appelé peigne (également présent chez les reptiles mais absent chez les mammifères) et qui a l'aspect d'une membrane richement vascularisée et fortement plissée. La fonction de cet organe n'est pas parfaitement connue, mais il semble qu'il joue un rôle nourricier pour la rétine.

En dehors des particularités que nous venons de signaler, l'œil des oiseaux présente une structure comparable à celui des mammifères. Autrement dit on y trouve une sclérotique, une cornée, un iris, un cristallin et une rétine ainsi qu'une choroïde, l'humeur aqueuse et l'humeur vitrée. En raison de son élasticité le cristallin permet une accommodation très rapide, en particulier chez les oiseaux rapaces. L'accommodation revêt une importance capitale pour toutes les espèces, mais plus particulièrement pour les oiseaux plongeurs qui se nourrissent sous la surface. L'œil est protégé par trois membranes, la paupière supérieure, la paupière inférieure et la membrane nictitante dont le rôle est important. Ainsi chez les oiseaux aquatiques elle protège l'œil durant l'immersion. Pour conclure on peut dire que même si les oiseaux ne possèdent pas une acuité visuelle toujours très supérieure à celle de l'homme, (parmi les exceptions on peut citer les rapaces diurnes) ils le surpassent car ils sont capables de voir nettement et de façon simultanée une grande partie du paysage. L'œil humain au contraire doit en examiner successivement les détails pour l'appréhender correctement. Leur vision est donc à la fois plus globale et plus rapide que la nôtre, et leur perception des couleurs est probablement plus perfectionnée.

Une ouïe très fine

L'oreille externe des oiseaux ne présente pas de pavillon auditif, mais seulement un trou auditif caché par des plumes. Cette cavité est limitée par le tympan au-delà duquel commence l'oreille moyenne. Celle-ci sert de caisse de résonance et communique avec la cavité buccale par l'intermédiaire de la trompe d'Eustache. Au lieu des trois osselets présents dans l'oreille moyenne des mammifères, il n'y a chez les oiseaux qu'une seule baguette osseuse et cartilagineuse appelée columelle. L'oreille interne, remplie de liquide, comporte trois anneaux semi-circulaires, siège du sens de l'équilibre, reliés à l'utricule.

Avec différentes annexes celui-ci forme la région cochléaire où se trouvent les cellules sensibles aux sons. Les capacités auditives des oiseaux peuvent être considérées comme excellentes. Ils ont une acuité maximale pour les sons compris entre deux mille et quatre mille hertz et, le plus souvent, sauf exceptions comme les perroquets et les chouettes, les sons d'une fréquence supérieure à dix mille hertz ne semblent pas être perçus de façon précise. Chouettes et hiboux localisent très bien les sources sonores en raison de la largeur de leur boîte crânienne et de la disposition asymétrique de leurs conduits auditifs. Cette faculté revêt une importance capitale pour ces chasseurs nocturnes, et diverses expériences ont montré que pour capturer leurs proies ils se fixent surtout à leur ouïe et les repèrent de façon très exacte. Les rapaces nocturnes diffèrent également des autres oiseaux par la possession de replis de peau mobiles, garnis de plumes, qui fonctionnent comme des pavillons acoustiques. Les autres oiseaux localisent les sons avec une précision inférieure.

Le sens de l'équilibre

L'utricule de l'oreille interne possède les trois canaux semi-circulaires présents chez tous les vertébrés et qui sont le siège du sens de l'équilibre. Celui-ci a une importance capitale pour les oiseaux. L'anatomie et la physiologie des canaux semi-circulaires sont assez complexes. Qu'il nous suffise de dire que ces conduits sont situés dans trois plans perpendiculaires les uns par rapport aux autres et qu'ils renferment deux liquides, l'endolymphe et la périlymphe. Les mouvements du corps provoquent un déplacement de ces fluides qui excitent une zone sensible pourvue de terminaisons nerveuses. La stimulation de ces dernières renseigne l'oiseau sur la position de sa tête et de son corps. D'autres éléments, appelés otolithes, permettent à l'animal de connaître sa position quand sa tête ne bouge pas.

Les oiseaux distinguent-ils les odeurs ?

Les fosses nasales séparées l'une de l'autre par une cloison (septum) sont divisées en trois chambres. La chambre antérieure est appelée atrium ; la chambre médiane est reliée à la cavité buccale et la chambre inférieure se trouve en arrière et au-dessous de la chambre moyenne. Le rôle du septum nasal, dont la surface est couverte de cils, consiste à filtrer, réchauffer et humidifier l'air inhalé. L'olfaction est encore assez peu connue chez les oiseaux. Il semble que la grande majorité ne puisse guère distinguer les odeurs ; cependant l'odorat de quelques espèces paraît développé. Ainsi, chez les kiwis, les narines s'ouvrent à l'extrémité du bec, qui est assez long. Etant donné leur genre de vie nocturne et la faiblesse de leur vue, on peut raisonnablement supposer que ces oiseaux localisent leurs proies grâce à leur odorat. Chez les membres de l'ordre des procellariiformes (puffins, albatros, pétrels) l'appareil olfactif paraît également fonctionnel comme l'ont prouvé des expériences faites en répandant sur la mer des huiles de poisson très odorantes. Les oiseaux s'approchèrent du lieu des essais dans des conditions telles que seul leur odorat avait pu les renseigner sur l'emplacement de la nappe d'huile.

◀ Pétrel tempête
(*Hydrobates pelagicus*)

▼ Condor de Californie

On a longtemps discuté pour savoir si les vautours étaient capables de repérer à l'odeur ou visuellement les cadavres dont ils se nourrissent. Les expériences montrent que si l'on diffuse dans l'espace l'odeur d'une charogne à l'aide d'une soufflerie, les courants d'air ainsi déterminés attirent le vautour aura (*Cathartes aura*), espèce américaine. Mais si l'on expose un animal empaillé, qui par conséquent ne répand aucun fumet, l'oiseau ne vient pas dans sa direction. Le vautour aura vit jusque dans les forêts amazoniennes,

▲ Aigle martial (*Polemaetus bellicosus*)

milieu où la vision est particulièrement limitée, et il doit donc compter sur son odorat pour trouver sa nourriture. Un autre vautour américain semble également avoir l'odorat assez développé. Il s'agit du vautour pape ou vautour royal (*Sarcorhamphus papa*), dont le comportement de recherche de nourriture et l'habitat forestier sont analogues à ceux du vautour aura. Ces expériences ont montré que d'autres espèces de vautours américains et celles l'Ancien Monde se fient uniquement à leur acuité visuelle pour déceler la présence des cadavres. Volant à grande hauteur ils se surveillent mutuellement et dès que l'un d'eux a trouvé quelque bon morceau, les autres le suivent. Les fosses nasales ont peut-être d'autres fonctions comme le dit Jean Dorst (1973) : « Chez les procellariiformes existe de chaque côté du septum nasal une sorte de valve triangulaire s'ouvrant vers l'avant ; en se remplissant d'air chez l'oiseau en vol, ce fluide exercerait sur les parois une pression propor-

▲ Guacharo (*Steatornis caripensis*)

tionnelle à l'air inspiré par l'oiseau, mais aussi au mouvement propre de l'air, c'est-à-dire à la vitesse du vent. Il servirait ainsi d'indicateur de pression ou, mieux, d'anémomètre. Or on sait que les pétrels et les albatros utilisent les courants aériens soufflant au-dessus des vagues, dans lesquels ils planent sans battements d'ailes, et qu'ils ont besoin de connaître avec précision les changements de vitesse et d'orientation de l'écoulement du fluide aérien ».

▲ Perruches à l'abreuvoir

Et les autres sens ?

Les organes du toucher sont des corpuscules situés dans différentes parties du corps. Les corpuscules de Grandry se trouvent sur la surface de la langue et du palais tandis que les corpuscules de Herbst existent sur le bec des scolopacidés, sur la langue des pics, dans la cavité buccale des anatidés, sur les bourrelets situés au bord du bec des oisillons nidicoles, sur les pattes et en d'autres endroits. Les corpuscules de Herbst sont également sensibles aux vibrations de fréquences assez basses. Jadis on croyait que les oiseaux percevaient ces vibrations avec leur appareil acoustique. Grâce à ces petits organes, *les oiseaux posés sur terre ou perchés sur les arbres seraient capables*

de pressentir les tremblements de terre dont l'homme ne peut prévoir directement le commencement ! Le sens du goût a son siège dans des bourgeons gustatifs semblables à ceux des autres vertébrés, bien qu'ils ne soient pas groupés en papilles comme c'est le cas chez les mammifères. Ces organes sont disséminés sur la partie postérieure de la langue et dans la cavité buccale. Les expériences entreprises pour connaître les capacités gustatives des oiseaux ont démontré que certaines espèces sont capables de distinguer le sucré, l'amer, l'acide et le salé.

Les cris et les chants

L'organe vocal a une très grande importance chez l'immense majorité des oiseaux car les sons (cris et chants) constituent l'un de leurs principaux moyens de communication sociale. Les signaux optiques et acoustiques étant les plus utilisés, ce n'est donc point par hasard que la vue et l'ouïe sont les sens les plus perfectionnés. Les facultés vocales varient considérablement selon les groupes. Les oiseaux aquatiques, notamment les espèces marines, sont fort peu doués dans ce domaine tandis que de nombreux passereaux ont un répertoire vocal très riche, et c'est pour cette raison qu'on les a longtemps appelés «oiseaux chanteurs». Les plus doués à cet égard sont réunis dans un sous-ordre des passériformes : les oscines ou acromyodés.

Le larynx est, en principe, l'organe vocal des vertébrés, mais il ne joue aucun rôle dans l'émission des sons chez les oiseaux. Ceux-ci ont un syrinx situé à la bifurcation des bronches c'est-à-dire à la base de la trachée. Sa structure diffère selon les espèces. Chez certaines il résulte de la modification d'une partie des anneaux bronchiques ou trachéens tandis que chez d'autres (par exemple les passereaux) c'est un organe bien différencié. Les passereaux appartenant à plusieurs familles exclusivement américaines (conopophagidés, formicariidés, dendrocolaptidés et furnariidés), réunis dans le groupe des trachéophones, ont un syrinx formé par la partie inférieure de la trachée et une à trois paires de muscles. Chez d'autres passereaux, dits oligomyodés (tyrannidés, pipridés, cotingidés), il y a également une à trois paires de muscles insérés sur le centre ou tout autour des arcs trachéens et bronchiques. Enfin, le syrinx des oscines ou acromyodés déjà mentionnés comporte cinq à neuf paires de muscles qui sont insérées uniquement sur les côtés de ces arcs. Ces muscles jouent un rôle essentiel puisqu'ils règlent la tension du syrinx et contrôlent la tonalité des émissions sonores. Trois membranes produisent les vibrations qui sont à l'origine des sons. L'une se trouve à la base de la trachée, et chacune des deux autres est située du côté interne à l'origine d'une bronche. Ces membranes vibrent au cours de l'expiration (phase de la respiration) sous l'effet de la stimulation des nerfs du syrinx.

Les sons émis par l'appareil vocal sont modifiés par la trachée ou par la cavité buccale. Chez certains oiseaux la trachée possède de nombreuses circonvolutions qui se logent dans le bréchet. Celle des cygnes et des grues mesure jusqu'à un mètre cinquante de long. La voix de ces oiseaux est particulièrement puissante. A titre d'exemple les cris de la grue cendrée (*Grus grus*) sont audibles à la distance maximale de deux kilomètres. Le sac interclaviculaire (un des neuf sacs aériens présents chez les oiseaux) remplit une fonction très importante pour la production des sons car s'il est déchiré l'oiseau ne peut plus crier ni chanter.

Etudier la voix des oiseaux

L'étude de la voix des oiseaux est essentielle pour les ornithologistes de terrain, car une bonne connaissance des émissions vocales des différentes espèces permet de les identifier à distance sans qu'il soit nécessaire de les voir. L'analyse scientifique de ces manifestations sonores était difficile autrefois, et pendant longtemps on s'est contenté de les traduire par des onoma-

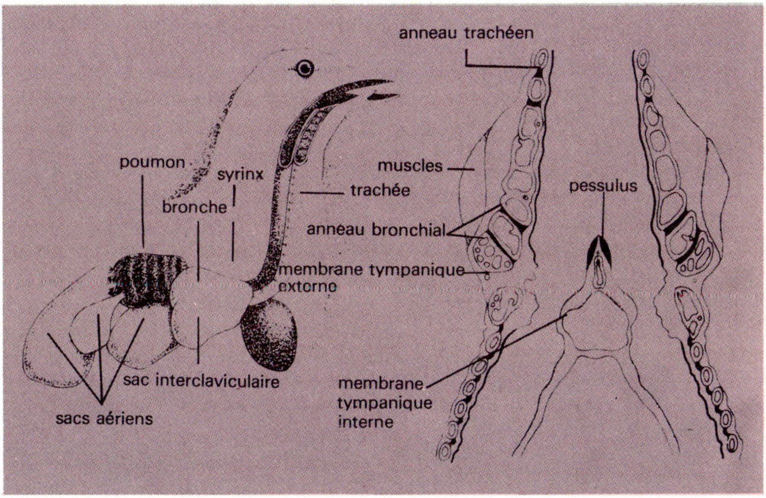

▲ Appareil vocal d'un passereau et coupe du syrinx d'un merle noir

topées. Mais ces notations qui utilisaient des syllabes ont eu peu de succès, bien qu'elles soient toujours employées dans les guides d'identification, car il est presque impossible d'évoquer avec précision les cris et surtout les mélodies, d'autant plus que les syllabes utilisées varient selon les langues. Depuis quelques décennies on se sert d'appareils qui permettent de faire une étude approfondie des caractéristiques physiques des sons émis, et notamment des chants.

Grâce à l'enregistrement sur rubans magnétiques et à l'aide de microphones toujours plus sensibles, on peut analyser objectivement les fréquences, l'intensité sonore, le volume, le timbre, etc. Les oiseaux émettent des sons dont les fréquences modulées sont très supérieures à celles de la voix humaine et qui varient selon l'espèce.

La gamme des fréquences émises est également beaucoup plus étendue que chez l'homme. Le volume des émissions varie considérablement selon les espèces et on a en outre constaté que les oiseaux sont capables d'émettre plusieurs notes simultanément. Grâce aux techniques modernes, on réussit désormais à obtenir une représentation graphique des sons émis sous forme de sonagrammes où l'abscisse correspont au temps et l'ordonnée aux fréquences.

Les oiseaux ont-ils une température constante ?

Certains animaux sont homéothermes (du grec *homoios,* identique, et *thermos,* chaleur), c'est-à-dire que leur température interne est constante et indépendante des variations de la température du milieu ambiant. Dans le monde vivant, seuls les oiseaux et les mammifères jouissent de cette propriété. Tous les autres animaux sont poïkilothermes (ou pœcilothermes, du grec *poikilos,* variable, et *thermos*, chaleur). Autrement dit, leur température interne varie en fonction de celle de l'air, de la terre ou de l'eau où ils vivent. Toutefois, même chez les mammifères et les oiseaux, il existe des exceptions, et l'on connaît plusieurs exemples de poecilothermie ou, plus exactement, d'hypothermie temporaire. C'est le cas de plusieurs engoulevents, de certains colibris et martinets chez lesquels on observe provisoirement ou saisonnièrement une réduction considérable de l'activité physiologique. Pour vivre, tous les oiseaux ont besoin de se nourrir. Les aliments qu'ils absorbent servent à faire fonctionner les organes essentiels (cœur, poumons, etc.) et à produire la chaleur nécessaire pour maintenir la température à un niveau constant malgré les pertes dues au rayonnement et à l'excrétion (on appelle thermogenèse la production de chaleur et thermolyse la perte de calories). En dehors de toute activité particulière (digestion de la nourriture, ovulation, mue, déplacements migratoires, etc.), le fonctionnement de l'organisme peut être analysé en mesurant le métabolisme de base, c'est-à-dire la quantité d'énergie nécessaire au maintien de la vie. L'examen des résultats de ces recherches a montré que les oiseaux ont un taux de métabolisme particulièrement élevé.

Qu'est-ce que le métabolisme ?

Le métabolisme, c'est l'ensemble des réactions biologiques qui se déroulent au sein d'un organisme vivant. Le métabolisme basal, c'est le métabolisme d'un organisme mesuré à l'état de repos aussi bien physique que psychique.

Chez les oiseaux comme chez les autres vertébrés, l'intensité du métabolisme est inversement proportionnelle aux dimensions, et plus précisément au poids de l'individu. Autrement dit, le niveau du métabolisme des grandes espèces est plus bas que celui des petites. En outre, chez les oiseaux de faible taille, les pertes caloriques par unité de surface sont plus importantes. De même, chez les jeunes, le métabolisme basal est plus intense non seulement en raison de leurs dimensions réduites mais aussi parce qu'ils ont besoin d'une grande quantité d'énergie pour leur croissance. Chez les oiseaux, l'intensité du métabolisme varie selon l'état physiologique de l'individu et son degré d'activité en rapport avec l'alternance du jour et de la nuit (rythme nycthéméral). Il est évident qu'un oiseau en train de voler présentera un taux de métabolisme plus élevé que celui qui est au repos.

La température interne

En raison du haut niveau de leur métabolisme, les oiseaux ont une température interne élevée. En moyenne celle-ci varie selon l'espèce entre 39° et 42° mais atteint 44° chez quelques passereaux. Elle est donc nettement plus forte que celle des mammifères où les limites, bien plus étroites, vont en moyenne de 36° à 38°. Les oiseaux ont une température constante bien qu'elle pré-

Bréchet et trachée de grue ▶

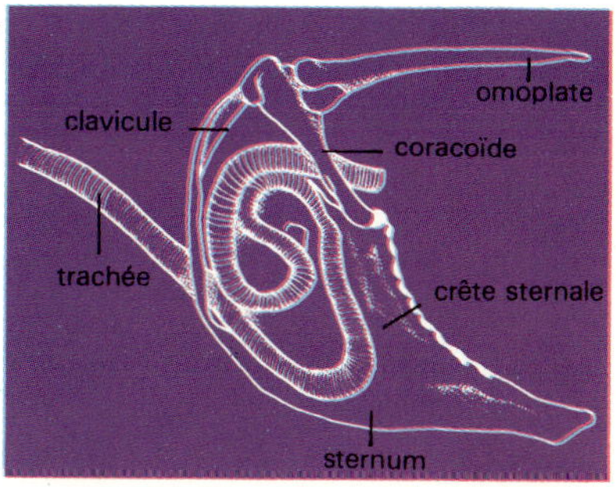

▼ Rouge-gorge

sente quelques variations quotidiennes au-delà desquelles se trouvent des seuils critiques. Si ces limites sont franchies l'existence de l'animal peut être gravement compromise, et l'on distingue à ce sujet une limite léthale inférieure d'hypothermie, et à l'opposé une limite supérieure d'hyperthermie.

Un grand pouvoir isolant

Malgré les quelques fluctuations enregistrées, l'homéothermie a une importance capitale pour les oiseaux car elle les rend, dans une certaine mesure, indépendants des conditions climatiques ambiantes puisque leur « milieu intérieur » reste stable. L'homéothermie résulte d'un équilibre entre la thermogenèse et la thermolyse. La peau et le plumage protègent le corps et à cet égard le second possède un pouvoir isolant exceptionnel. L'énergie provient des aliments dont la richesse en calories est variable. La quantité de chaleur

▼ Pygargue à tête blanche

Cacatoès à huppe jaune (*Kakatoe galerita*) ▶

▲ Colibri

produite peut être accrue par le travail musculaire. La thermolyse résulte de plusieurs activités physiologiques, par exemple l'évaporation qui se produit au niveau de l'appareil respiratoire, car les oiseaux sont dépourvus de glandes sudoripares.

Chez le jeune oiseau qui vient d'éclore, la thermorégulation apparaît assez vite ou au contraire tardivement. Les oisillons nidicoles restent longtemps dans le nid avant de devenir indépendants, et chez eux la thermorégulation commence à partir du troisième ou quatrième jour seulement (Yapp, 1970), de façon tout à fait progressive. Au contraire, chez les poussins nidifuges qui abandonnent leur nid peu de temps après l'éclosion, la thermorégulation s'établit dès l'instant même de la sortie de l'œuf ou quelques heures plus tard. Mais elle reste imparfaite, et c'est pour cette raison que les jeunes sont réchauffés par leurs parents aux heures les plus froides. En fait, des jours se

▲ Martinet noir (*Apus apus*)

passent avant que leur thermorégulation ne soit aussi perfectionnée que celle des sujets adultes. La pœcilothermie des jeunes oiseaux a parfois une grande importance pour leur survie. Ainsi, les jeunes martinets noirs (*Apus apus*) parviennent à résister à un jeûne prolongé (douze jours au maximum) en réduisant fortement les dépenses énergétiques de leur organisme : leur température s'abaisse jusqu'à 21° et ils respirent seulement huit fois par minute au lieu de quarante fois en temps normal. L'ornithologiste finlandais Jukka Koskimies a fait des observations minutieuses sur les martinets adultes et a constaté qu'ils sont capables de supporter une baisse de température en entrant dans un état de semi-léthargie. Dans ces circonstances, les martinets réussissent à se passer de nourriture pendant cinq jours, et leur température interne s'abaisse jusqu'à 20°. Cette faculté est une adaptation à la raréfaction des insectes quand le temps est mauvais, c'est-à-dire froid et pluvieux.

▼ Cigogne blanche
(*Ciconia ciconia*)

Nous avons déjà dit que le plumage constitue une couche isolante très efficace qui protège le corps et empêche les déperditions de chaleur, surtout dans les régions froides. On a d'ailleurs constaté qu'en hiver il est beaucoup plus fourni qu'en été par suite d'un accroissement du nombre des plumes. Ceci est valable pour des espèces sédentaires, comme une mésange américaine dont un sujet tué en juin avait 1 140 plumes alors qu'un autre abattu en février en portait 1 704. Grâce aux muscles peauciers les plumes peuvent être ébouriffées ou au contraire étroitement appliquées contre le corps selon les circonstances, de sorte que le corps est toujours à l'abri des températures excessives. La température de la peau est si bien réglée que chez les oiseaux arctiques celle des pattes diminue progressivement du point où elles sortent du corps (24°) en direction de l'extrémité des doigts où elle n'est plus que de 5° à 0°. Ces différences évitent des pertes de chaleur par conduction ou par convexion. Cette particularité est due à la structure de l'appareil circulatoire, qui permet un échange de calories entre le sang artériel chaud, venant du corps et se dirigeant vers le membre, et le sang veineux froid qui circule en sens inverse.

Chez quelques espèces vivant dans les contrées chaudes comme le tantale américain (*Mycteria americana*), la cigogne blanche (*Ciconia ciconia*) et les

▼ Coureur de routes (*Geococcyx californianus*)

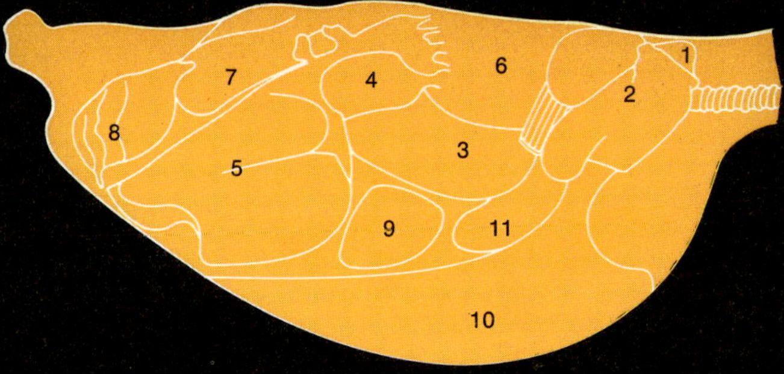

Anatomie d'un pigeon : 1) sac cervical ; 2) sac interclaviculaire ; 3) sac thoracique antérieur ; 4) sac thoracique postérieur ; 5) sac abdominal ; 6) poumon ; 7) synsacrum ; 8) intestin ; 9) foie ; 10) sternum ; 11) cœur.

marabouts, les pattes ont la même température que le corps et servent de surfaces d'élimination de la chaleur en excès. Le froid incite souvent diverses espèces non migratrices à rechercher des abris (par exemple d'anciens nids) ; d'autres font preuve de sociabilité et se protègent en s'entassant dans un dortoir, même si le reste de l'année elles ne tolèrent pas la présence des congénères. On a, par exemple, trouvé que des grimpereaux brachydactyles (*Certhia brachydactyla*) se serraient les uns contre les autres dans un trou d'arbre (parfois, une quinzaine d'oiseaux cherchaient ainsi à profiter du refuge). Durant l'hiver antarctique, les manchots empereurs se réunissent en groupes compacts (appelés « tortues ») pour limiter au minimum leurs pertes caloriques.

Quand la température de l'air ambiant s'élève fortement, le rythme de la respiration augmente notablement sous l'influence d'un centre nerveux responsable du halètement. Ce centre intervient pour éviter une élévation de la température interne en déclenchant des réactions telles que l'ouverture du bec et l'accélération des mouvements respiratoires. L'air qui traverse les poumons et les sacs aériens est donc renouvelé plus rapidement. Chez certains oiseaux marins, qui nichent sur des plages exposées au grand soleil, l'hyperthermie est prévenue par l'évaporation buccale. Enfin, d'autres oiseaux évitent le même danger en se mettant à l'ombre pendant la canicule.

Quand la température interne varie

Nous avons vu que les oiseaux ont une température constante, mais cela ne signifie pas qu'il n'existe aucune variation et que cette homéothermie soit parfaite, bien au contraire. De nombreuses espèces sont en effet capables de supporter une baisse passagère de leur température interne. Il existe même quelques oiseaux dont on peut dire qu'ils présentent une véritable pœcilothermie, c'est-à-dire une température interne variable en fonction de celle du milieu ambiant. Parfois, il s'agit d'une pœcilothermie quotidienne : la température interne de plusieurs colibris (par exemple *Calypte anna* et *Selasphorus sasin*) passe de 40° (valeur normale) à un minimum de 19° au cours des nuits, qui sont particulièrement froides dans les déserts de l'Ouest de l'Amé-

▲ Chouette elfe (*Micropallas whitneyi*)

▲ Harfang des neiges (*Nyctea scandiaca*)

▲ Oie cendrée (*Anser anser*)

rique du Nord. Dans ces conditions, les oiseaux sont inertes et ne réagissent pas aux excitations.

Au cours de ses recherches sur l'avifaune des Andes, l'ornithologiste Jean Dorst a observé un colibri (*Oreotrochilus estella*) qui se réfugiait pour la nuit dans des grottes et d'autres cavités naturelles afin d'échapper au froid. Ce comportement est aisément compréhensible car durant la nuit ces petits oiseaux ne peuvent trouver des aliments pour fournir du «carburant» à leur organisme. Ils évitent de tomber d'inanition en ralentissant au maximum le fonctionnement de leur «moteur» et font ainsi des économies d'énergie. Le plus classique des exemples de pœcilothermie est celui de l'engoulevent de Nuttall (*Phalaenoptilus nattallii*), qui niche depuis le Sud de la Colombie britannique jusqu'au Mexique, dans tout l'Ouest et le Centre-Ouest des Etats-Unis. Pendant l'hiver de 1946-1947, deux ornithologistes, Culbertson et Jaeger, découvrirent plusieurs engoulevents de Nuttall réfugiés dans des trous

▲ Loriot de Chine (*Oriolus chinensis*)

de rocher de la Sierra Nevada et du désert du Colorado en Californie. Tous se trouvaient dans un état semi-léthargique. Normalement, leur température interne varie entre 35° et 43,5° ; or, les mesures montrèrent que leur corps était à 18°-20° tandis que la température ambiante oscillait entre 17° et 24°. Les oiseaux ne réagirent même pas quand on braqua sur leurs yeux une lumière aveuglante ; en outre, les mouvements de leur cœur et de leurs poumons n'étaient pas perceptibles. L'ornithologiste finlandais Peiponen a prouvé que l'engoulevent d'Europe (*Caprimulgus europaeus*) peut lui aussi abaisser fortement sa température (jusqu'à 7°) et réduire son métabolisme. La léthargie hivernale de l'engoulevent de Nuttall n'est pas un phénomène de longue durée. C'est seulement pendant de courtes périodes, quand les conditions climatiques sont très défavorables, que l'oiseau se coupe ainsi du monde extérieur. Chez l'engoulevent d'Europe la pœcilothermie ne dure pas plus de vingt-quatre heures.

La circulation du sang

L'appareil circulatoire des oiseaux présente quelques caractères communs avec celui des reptiles mais s'en distingue nettement par la structure du cœur. En effet celui-ci a quatre cavités (deux oreillettes et deux ventricules) et il en résulte que les circulations veineuse et artérielle sont complètement séparées. Dans le règne animal cette division ne se retrouve que chez les mammifères. Oiseaux et mammifères occupent donc une place privilégiée parmi tous les animaux car ils sont les seuls à être homéothermes c'est-à-dire à avoir une température interne constante. La moitié gauche du cœur où circule le sang artériel est particulièrement développée et possède une musculature beaucoup plus puissante que celle de la moitié droite, où coule le sang veineux. Cette asymétrie s'explique par la fonction : la partie gauche envoie le sang dans tout le corps alors que la partie droite le propulse seulement dans les

◀ Grand podarge
(*Podargus strigoides*)

▲ Jeunes bergeronnettes grises (*Motacilla alba*)

poumons. Le poids du cœur varie selon l'espèce et, généralement, on peut énoncer la règle suivante en tenant compte du fait que chez les oiseaux de petite taille le niveau du métabolisme est très élevé : le poids du cœur est inversement proportionnel aux dimensions de l'animal. Mais d'autres facteurs peuvent influer sur le poids de cet organe : le cas échéant, l'augmentation du nombre des battements à la minute compensera la réduction de ses dimensions. Chez les oiseaux la fréquence des contractions cardiaques est assez élevée. Dorst (1973) en a donné quelques exemples intéressants : oiseau rapace (sans précision), 301 ; canard domestique, 212 ; dindon, 93 ; poule domestique, 243-341 ; pigeon, 192-244 ; moineau domestique, 460-800 ; canari, 1 000 ; corneille, 342. Il est évident que le rythme de fonctionnement du cœur varie selon l'activité déployée par l'oiseau. L'innervation du cœur est comparable à celle des mammifères.

Le sang des oiseaux présente des caractéristiques communes avec celui des reptiles car les globules rouges (érythrocytes) ont une forme ovale et possèdent un noyau. Leur nombre (par millimètre cube de sang) varie selon la taille de l'espèce considérée (il y en a davantage chez les petits oiseaux), le sexe (les mâles en ont plus que les femelles) et aussi parfois la saison. Leurs dimensions ne sont pas les mêmes chez toutes les espèces. Cette diversité reflète les différences qui existent dans le niveau du métabolisme. En fait, comme le signale Dorst, les globules rouges offrent une surface relativement plus grande s'il s'agit d'un petit oiseau, et par conséquent les échanges gazeux se produiront avec une intensité supérieure, permettant à ces volatiles

▼ Héron pourpré (*Ardea purpurea*)

Héron cendré
(*Ardea cinerea*) ▶

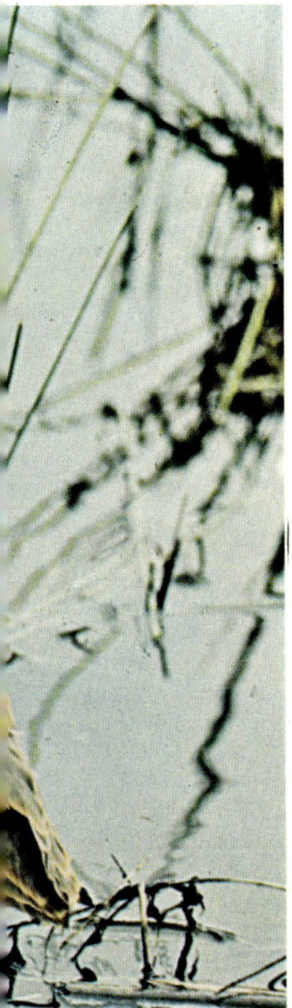

▲ Martinets noirs (*Apus apus*) en vol

une activité débordante. Les globules blancs ou leucocytes ressemblent à ceux des mammifères et sont assez nombreux puisque, dans certains cas, le rapport est d'un globule blanc pour soixante-dix globules rouges. On sait que le circulation sanguine est centripète dans les artères. Le sang artériel, rouge vif parce qu'il est riche en oxygène, transporte non seulement ce gaz dans tous les tissus mais aussi différentes substances alimentaires ainsi que les sécrétions hormonales. Au contraire, le sang veineux coule lentement en direction du cœur ; il est chargé de déchets résultant du fonctionnement des cellules.

Seuls les oiseaux respirent ainsi...

L'appareil respiratoire des oiseaux présente des particularités sans équivalent chez les autres vertébrés. En effet, en plus des poumons il comprend des sacs aériens répartis çà et là dans le corps et dont le rôle consiste notamment à rendre plus complète la circulation de l'air dans l'organisme. L'appareil respiratoire communique avec l'extérieur par les cavités nasales et les narines qui s'ouvrent dans le bec à la base de la mandibule supérieure, sauf chez les kiwis où elles sont situées à l'extrémité de cet appendice. Les narines sont souvent protégées par de petites plumes appelées vibrisses. Elles peuvent être recouvertes par des opercules, qui ne laissent qu'un petit passage pour l'air, et, chez certaines espèces, comme les fous et les cormorans, elles sont complètement obturées et ne jouent aucun rôle au cours de la respiration. Ces oiseaux possèdent ce que l'on appelle des narines secondaires ressemblant à des fentes situées à la base du bec et protégées par un petit couvercle, qui se ferme probablement quand ils s'enfoncent dans l'eau (le

▲ Langrayen à sourcils blancs (*Artamus superciliosus*)

fou de Bassan, espèce européenne, plonge d'une hauteur d'une vingtaine de mètres). Les fosses nasales communiquent avec la cavité buccale. En arrière de celle-ci s'ouvre la trachée. Chez certaines espèces ce tube est fort long et décrit des circonvolutions qui se logent dans le sternum dont la forme se trouve considérablement modifiée pour cette raison (cas des cygnes et des grues). A sa partie inférieure la trachée se divise en deux bronches et c'est au niveau de cette bifurcation que se trouve le syrinx, organe vocal des oiseaux. Puis, les deux bronches pénètrent dans les poumons où elles se ramifient. Les poumons, situés dans la cage thoracique, ont un volume assez faible ; ils n'ont pas la même structure que chez les mammifères, car il n'y a pas d'alvéoles pulmonaires. Les bronches se divisent en bronches dorsales et bronches ventrales reliées par des diverticules appelés parabronches. Celles-ci sont formées par des centaines de bronchioles entourées d'un réseau dense de capillaires sanguins. Les poumons des oiseaux ne présentent pas de lobules, contrairement à ce que l'on observe chez les mammifères, et les détails de structure relatifs aux ramifications internes varient selon les espèces.

Les poumons communiquent avec les sacs aériens répartis dans le thorax et l'abdomen. Il y a généralement neuf sacs aériens, deux sacs cervicaux situés dans le cou de part et d'autre de la colonne vertébrale, un sac interclaviculaire (en avant de la trachée), deux sacs thoraciques antérieurs, deux sacs thoraciques postérieurs et deux sacs abdominaux, qui sont de loin les plus volumineux. Ces poches sont donc paires à l'exception du sac interclaviculaire, qui était peut-être double à l'origine et qui a subi une fusion au cours de l'évolution. Tous les sacs aériens sont reliés aux poumons, et, chez

▲ Manchot royal (*Aptenodytes patagonica*)

quelques espèces, certains sont réunis entre eux. Leur forme et leur disposition diffèrent beaucoup. Ils se prolongent par des diverticules présents dans plusieurs organes, des muscles mais surtout dans les os où ils remplacent la moelle (chez les sujets adultes) et enfin sous la peau. Les oiseaux n'ont pas de diaphragme, et la pénétration de l'air dans les poumons résulte de l'activité de muscles spéciaux. On a attribué diverses fonctions aux sacs aériens (refroidissement de l'organisme, réserve d'air riche en oxygène), mais en fait il semble surtout qu'ils permettent à l'oiseau d'utiliser 70 à 80 pour 100 de l'oxygène présent dans l'atmosphère. Cette faculté lui permet de voler sans peine à grande altitude.

Le rythme de la respiration est réglé par des centres nerveux. La fréquence des mouvements respiratoires est tout à fait remarquable, comme l'a signalé l'ornithologiste Wilhelm Meise (*in* Grzimek, 1969). Chez un pigeon domesti-

▲ Femelle de petit rubis de la Caroline (*Archilochus colubris*)

▲ Colibri à tête noire (*Trochilus polytmus*)

que au repos on a enregistré 29 mouvements à la minute, 180 quand l'oiseau se déplaçait rapidement et 450 quand il prenait son essor. Chez la perruche ondulée la fréquence de ces mouvements est au maximum de 300 au repos et atteint 840 en plein vol, toujours par minute. Le rythme de la respiration dépend non seulement de l'activité mais aussi du niveau de la température interne. En fait, une élévation de celle-ci provoque une accélération considérable des inspirations et des expirations et le volume d'air qui circule dans les voies respiratoires se trouve nettement augmenté par unité de temps. Au cours de la plongée, les oiseaux aquatiques sont obligés de retenir leur respiration ; il en résulte une augmentation rapide de la quantité de gaz carbonique dans le sang, et l'organisme doit pouvoir y résister pendant la durée de l'immersion.

La biologie des oiseaux

Quelques généralités

L'éthologie, science qui étudie le comportement des animaux, est devenue une discipline en plein essor au cours des dernières décennies. Elle s'occupe de décrire et d'analyser de façon objective les faits et gestes des différentes espèces, leur fonction, les facteurs externes et internes qui les conditionnent, leur importance évolutive, leur valeur pour l'adaptation et enfin les pressions que la sélection exerce sur eux. Autrefois l'étude du comportement animal se faisait à peu près uniquement en laboratoire, et la principale méthode d'investigation était l'expérience. Celle-ci avait le grave inconvénient de dénaturer, ne serait-ce qu'en partie, les réactions des animaux soumis à l'analyse. En effet ils se trouvaient dans des conditions tout à fait anormales par rapport à celles qu'ils rencontrent dans leur milieu naturel et ceci modifiait plus ou moins fortement leur comportement. Konrad Lorenz, l'un des fondateurs de l'éthologie moderne, et son école, ont eu le mérite de réagir contre cette méthode et de souligner l'importance des études faites dans une ambiance plus normale. L'éthologiste observe donc attentivement et minutieusement le comportement d'une espèce. Il étudie celle-ci dans son milieu d'origine et cherche à

éviter autant que possible les interprétations anthropomorphiques (Lorenz, 1967).

Il suffit d'avoir quelques notions d'éthologie pour comprendre la distinction classique entre comportement inné et comportement acquis. Le premier est héréditaire tandis que le second dérive d'un apprentissage progressif par l'expérience tout en dépendant des facultés psychiques de l'espèce. Le spécialiste G. Gottlieb a rappelé que le contrôle génétique de tout comportement est plus ou moins ancien et a proposé deux séquences destinées à montrer la dérivation des comportements inné et appris : gènes — structure — maturation — comportement inné ; gènes — structure — apprentissage — expérience — comportement acquis. A ce propos, l'éthologiste D. Mainardi (*in* Carthy & Ebling, 1973) écrit ceci : « Les animaux qui font partie de la classe des oiseaux et de celle des mammifères ont des facultés d'apprentissage tout à fait particulières que l'on peut qualifier de sociales ; dans le cadre d'une population il est possible de distinguer des individus qui jouent en quelque sorte le rôle de démonstrateurs et d'autres qui tiennent celui d'observateurs. Plus familièrement, on pourrait parler de « maîtres » et d'« élèves ». Il peut arri-

▲ Pélican blanc (*Pelecanus onocrotalus*)

▲ Macareux moine (*Fratercula arctica*)

ver qu'une habitude nouvelle inaugurée par un individu soit transmise au groupe dont il fait partie. De cette façon le répertoire comportemental de cette collectivité évoluera. D'excellents exemples d'évolution accélérée du comportement ont été étudiés dans la nature chez les primates (macaques, chimpanzés) et les oiseaux (mésanges) ; en laboratoire, elle a été mise en évidence chez des rongeurs, des félins et des dauphins. Il s'agit donc pour l'espèce d'une adaptation extrêmement rapide où la majorité des individus fait sienne l'expérience positive d'un seul congénère».

La recherche de la nourriture

La forme et les dimensions du bec des oiseaux varient de façon extraordinaire et donnent une idée de la diversité des aliments qu'ils consomment. Le

▲ Différents types de becs

bec peut être à la fois grand et volumineux, comme celui des calaos et des toucans, ou extrêmement allongé, comme celui d'un colibri, le docimaste porte-épée (*Docimastes ensifer*), fort justement nommé puisque chez lui la longueur de cet appendice dépasse celle du corps ! Certains oiseaux ont un bec long et recourbé (nectariniidés ou soui-mangas et méliphages) ; chez d'autres, le bec a la forme d'un crochet pointu (on les appelle couramment «becs crochus», et il s'agit des rapaces diurnes et nocturnes). Quelques espèces, les rhynchops ou becs-en-ciseaux, ont un bec étrange car la mandibule supérieure est plus courte que l'inférieure. De nombreux oiseaux ont un bec aux bords tranchants. L'*Anarhynchus frontalis,* bécasseau vivant en Nouvelle-Zélande, est unique au monde puisque son bec est tordu du côté droit, et par conséquent asymétrique. On n'en finirait pas d'énumérer les différents

▲ Héron garde-bœuf sur un buffle d'Afrique

types de becs, longs et droits, courts et épais, etc. Le nom commun de quelques oiseaux fait directement allusion à la forme de cet appendice. C'est le cas du baléniceps également appelé bec-en-sabot (*Baleniceps rex*) et du bec en-cuiller (*Cochlearius cochlearius*) d'Amérique tropicale. Parmi d'autres encore on peut citer le bec des spatules, allongé et fortement élargi à son extrémité, celui des becs-croisés dont les mandibules se chevauchent tantôt à droite tantôt à gauche, celui des chinois ou becs-en-fourreaux de l'hémisphère Sud.

La diversité des comportements de recherche des aliments est considérable, c'est pourquoi nous n'en donnerons que quelques exemples entre mille. Les pies-grièches, passereaux de taille moyenne, ont l'habitude, plus ou moins marquée selon les individus, d'empaler leurs proies (petits rongeurs, lézards, gros insectes) sur des épines ou à l'extrémité de branchettes, formant ainsi ce que l'on appelle parfois des « garde-manger » où elles prennent ensuite certains aliments quand elles ont faim. En automne, le casse-noix

▼ Anhinga

moucheté prépare des réserves de noisettes et de graines de conifères qu'il dissimule sous la terre, parmi la mousse et les lichens. Ces provisions lui seront très utiles pour élever sa nichée au tout début du printemps car à cette saison le sol est encore recouvert de neige en montagne ou dans le Grand Nord. Le casse-noix est capable de retrouver l'emplacement de ses cachettes avec une grande précision. L'ornithologiste J. Sparks (1970) rapporte que certains oiseaux de cette espèce ont réussi à repérer 86 pour 100 des 351 dépôts de nourriture qu'ils avaient constitués, bien que le sol fût recouvert d'une couche de neige de cinquante centimètres d'épaisseur ! L'aigle noir indien (*Ictinaetus malayensis*) a des griffes très recourbées grâce auxquelles il saisit les nids, les œufs et les petits d'autres oiseaux. Les nids sont transportés en lieu sûr et le rapace dévore leur contenu à loisir.

Deux exemples montreront comment des comportements de prise de nourriture peuvent être transmis dans une population à la suite de l'expérience acquise par certains individus. Le premier concerne le vautour percnoptère

Guêpier d'Europe (*Merops apiaster*) ▶

encore appelé vautour d'Egypte (*Neophron percnopterus*), répandu dans le Sud de l'Europe, en Afrique et en Asie méridionale. Deux éthologistes Hugo et Jane van Lawick-Goodall ont vu plusieurs de ces vautours prendre une pierre entre leurs mandibules et la lancer sur des œufs d'autruche. Après de nombreux essais ils réussirent à briser la coquille et purent en manger le contenu. L'autre exemple est celui d'un petit passereau des îles Galapagos (*Geospiza difficilis*), qui fait partie du groupe des pinsons de Darwin. Plusieurs membres de cette espèce vivant sur l'île Wenman ont pris l'habitude de saisir les parasites externes dans le plumage des fous (*Sula sula* et *Sula dactylatra*). En procédant à cet épouillage ils ont dû percer de petits vaisseaux sanguins superficiels situés à la base de l'aile et se sont habitués à boire le sang coulant de ces blessures. Peu à peu cet étrange comportement a été imité par leurs congénères et, actuellement, cette espèce est le seul oiseau hématophage connu. Outre la quantité, la qualité de la nourriture a également une grande importance pour les oiseaux. Selon l'espèce à laquelle

▼ Vautours auprès d'une carcasse

ils appartiennent ils ont besoin d'une porportion variable de protéines, vitamines, sels minéraux, etc. Nous nous contenterons de passer rapidement en revue les principaux types de régime alimentaire.

Les oiseaux végétariens

Les substances végétales entrent pour une très large part dans l'alimentation de nombreux oiseaux. On peut distinguer les espèces exclusivement végétariennes et celles qui complètent leur menu avec des plantes. Plusieurs espèces d'oiseaux peuvent être considérées comme franchement herbivores car elles pâturent dans les prairies (c'est le cas des oies grises en Europe). Les oies du genre *Branta* (bernaches) se tiennent sur la bande littorale dégagée à marée basse et mangent des algues (*Enteromorpha* et *Uva*) mais surtout des plantes marines à fleurs, les zostères (*Zostera*). Le bec de ces oiseaux a des bords tranchants, bien adaptés pour couper les thalles et les feuilles. Les plantes herbacées et leurs pousses constituent une partie de l'alimentation de

plusieurs passereaux, comme les alouettes, et d'oiseaux plus grands, comme les outardes, les grues, etc. L'étrange hoazin des forêts sud-américaines est un mangeur de feuilles. L'appareil digestif de tétraonidés comme le tétras-lyre et de grand tétras comporte de grands caecums bourrés d'une flore bactérienne microscopique. Grâce à ces symbiontes les coqs de bruyère parviennent à digérer la cellulose présente en abondance dans leurs aliments. Ces oiseaux mangent des pousses de genévrier, de callune et des aiguilles de conifères durant l'hiver. De nombreux oiseaux sont plus ou moins frugivores (c'est-à-dire qu'ils mangent des fruits), mais les plus spécialisés vivent dans les régions tropicales et sub-tropicales. Les perroquets, les toucans, les touracos, certains pigeons et divers passereaux, comme les tangaras et les cotingidés des tropiques, plusieurs turdidés (merles, grives, etc.), dans les pays tempérés, se nourrissent en grande partie, sinon entièrement, de fruits, au moins à certaines saisons. La spécialisation alimentaire va de pair avec une adaptation plus ou moins étroite de la morphologie. Un exemple frappant de ce phénomène nous est donné par certains pigeons frugivores, les carpophages, placés dans le genre *Ducula,* qui vivent sur les îles d'Océanie. Le bec de ces oiseaux s'ouvre si largement qu'ils peuvent ingérer des fruits atteignant cinq centimètres de diamètre.

Les oiseaux granivores forment une deuxième catégorie d'espèces végétariennes et parmi eux on compte de nombreux passériformes. Là encore on observe des modifications morphologiques et anatomiques mais elles sont plus importantes que celles des espèces frugivores car les graines sont souvent dures et ont généralement une faible teneur en eau (Dorst, 1973). La plupart des granivores décortiquent et broient les graines. A cet effet, leur bec, leur palais et leur boîte crânienne sont particulièrement robustes. Les bords du bec sont coupants chez les espèces qui épluchent les graines en déplaçant la mandibule inférieure d'avant en arrière (fringillidés). D'autres oiseaux maintiennent les graines contre leur palais qui présente une série de crêtes permettant de réduire l'amande en miettes (il s'agit des bruants et des tisserins). Le gros-bec (*Coccothraustes coccothraustes*) possède un bec très massif et puissant avec lequel il réussit à briser sans effort des noyaux d'olives et de cerises. Chez les becs-croisés (genre *Loxia*), les mandibules se chevauchent et grâce à elles ces oiseaux peuvent extraire les graines des conifères, cachées sous les écailles des cônes (communément appelés «pommes de pin»). Des oiseaux tels que les pics, dont le bec n'a pas une forme qui facilite l'ouverture des graines, enfoncent celles-ci dans une fente de l'écorce des arbres puis leur assènent des coups jusqu'à ce qu'ils aient fendu leur enveloppe. Chez les oiseaux vraiment granivores les adaptations concernent non seulement le bec mais aussi le reste de l'appareil digestif. Leur œsophage présente une poche, le jabot, et leur gésier (estomac musculaire) possède une musculature très développée. Les oiseaux végétariens jouent un rôle non négligeable dans la dissémination de certaines plantes. Les graines incluses dans les fruits dont ils se nourrissent sont expulsées avec les excréments et gardent intact leur pouvoir de germination. De nombreux oiseaux laissent tomber à terre celles qu'ils transportent ou qu'ils sont en train de manger.

Les oiseaux consommateurs de nectar vivent dans les régions tropicales et possèdent diverses adaptations à ce mode de nutrition, bec allongé, mince et recourbé, langue fine et très longue elle aussi, divisée en deux ou quatre lanières à son extrémité et protractile. Se nourrissent de nectar les oiseaux appartenant aux familles des trochilidés (colibris), coerébidés (sucriers) d'Amérique, méliphagidés d'Australie, nectariniidés (soui-mangas) d'Afrique et d'Asie, drépanididés (îles Hawaii) et trichoglosses (membres des psittacidés) qui habitent dans l'Ancien Monde. Les adaptations morphologiques que nous venons de mentionner existent chez tous ces oiseaux à l'exception des trichoglosses. Les oiseaux nectarivores mangent également les insectes qu'ils trouvent dans les corolles des fleurs en même temps que le liquide sucré. Quelques oiseaux mettent à profit d'autres productions végétales, par exemple la sève des arbres (recherchée par des pics) et les champignons, mais il s'agit toujours d'éléments secondaires dans leur régime habituel.

▼ Chouette effraye (*Tyto alba*)

Les oiseaux carnivores et insectivores

Insectes, vers, araignées, crustacés, mollusques et d'autres invertébrés, amphibiens, poissons, reptiles, oiseaux, mammifères, charognes etc., représentent la base de l'alimentation de très nombreuses espèces aviennes. Les oiseaux prédateurs contribuent donc à limiter les populations des animaux dont ils se nourrissent, et leur rôle à cet égard est plus ou moins important. Les insectivores capturent leurs proies par terre, dans les herbes, sur les arbres, les buissons, dans l'eau ou dans l'espace. Leur influence, quelquefois notable, est cependant très faible si leurs proies pullulent. On trouve toutes sortes d'adaptations et de comportements insolites chez les oiseaux dont le régime est du type carnivore. Un pinson de Darwin, par exemple, le pinson-pic (*Camarhynchus pallidus*), prend une brindille ou une épine dans son bec pour capturer les larves d'insectes vivant sous l'écorce des arbres et inac-

▼ Couple de circaètes Jean-le-blanc (*Circaetus gallicus*)

cessibles autrement. Les pics ont le crâne et le bec extrêmement robustes et leur langue, munie à son extrémité et sur les bords de petites denticulations, est enduite d'une salive gluante qui leur permet de saisir aisément les insectes vivant dans le bois ou à la surface des troncs. Chez le bec-en-ciseaux d'Amérique (*Rhynchops nigra*) la mandibule supérieure est plus courte que l'inférieure. Cet oiseau vole au-dessus des lacs et des rivières en gardant le bec entrouvert ; la mandibule inférieure laboure l'eau et dès qu'elle rencontre un poisson l'oiseau ferme son bec. Quelques espèces qui se nourrissent de mollusques ont un bec spécialisé. Celui de l'huîtrier-pie (*Haematopus ostralegus*) ou pie de mer, à la fois long et mince, ressemble à un scalpel car il est très comprimé latéralement. L'oiseau s'en sert pour ouvrir les coquilles des bivalves dont il mange le contenu. D'autres volatiles aquatiques présentent également des adaptations à leur régime alimentaire. Les flamants, remarquables

▼ Toucan à bec caréné (*Ramphastos sulfuratus*)

▲ Hirondelle de cheminée (*Hirundo rustica*)

par la longueur démesurée de leurs pattes et de leur cou, ont un bec étrange, fortement busqué, avec lequel ils fouillent la vase. La mandibule inférieure reste immobile tandis que la mandibule supérieure, plus longue, se soulève et s'abaisse alternativement. A l'intérieur, les bords du bec sont munis de lamelles cornées, qui tamisent l'eau et la vase et retiennent les particules alimentaires ainsi que les invertébrés. De nombreux oiseaux marins mangent des poissons ; il s'agit des manchots, guillemots, du petit pingouin, des macareux, des fous, des cormorans, etc. Plusieurs hérons, au bec long et pointu, cherchent leur nourriture en marchant dans l'eau peu profonde et en tenant les ailes à moitié ouvertes ; l'ombre qu'elles projettent élimine les reflets du soleil à la surface et leur permet de mieux voir. Les oiseaux rapaces sont les prédateurs par excellence et quelques-uns ont un régime très particulier. Le balbuzard fluviatile (*Pandion haliaetus*) mange seulement des poissons, et le circaète Jean-le-blanc (*Circaetus gallicus*) se nourrit presque exclusivement de reptiles.

▲ Serpentaire ou secrétaire (*Sagittarius serpentarius*)

La nidification

Dans l'immense majorité des cas le cycle reproducteur des oiseaux est annuel mais, souvent, au cours d'une même période de nidification la femelle pond deux ou même trois fois de suite. En revanche, certaines espèces ne se reproduisent pas du tout les années où les conditions écologiques leur sont particulièrement défavorables. Dans la zone arctique, c'est le cas de plusieurs rapaces dont l'existence dépend en grande partie de la présence de petits rongeurs bien connus, les lemmings. Ces animaux, qui font partie de la famille des microtidés, ont une répartition circumpolaire, et on en connaît une douzaine d'espèces dont les populations présentent des fluctuations remarquables. Certaines années il y a une véritable explosion démographique et la densité des lemmings devient très forte, puis ils disparaissent presque tous rapidement, et une période de dépression succède à l'abondance. Ces variations numériques exercent une profonde influence sur les populations de prédateurs qui se nourrissent en grande partie de lemmings quand ceux-ci pullulent. Ainsi, le magnifique harfang des neiges (*Nyctea scandiaca*) pond sept à huit œufs et parfois même douze les années où les lemmings sont nombreux, mais quand ils deviennent rares il ne se reproduit pas, et les oiseaux adultes quittent les régions arctiques, se dirigeant vers le sud à la recherche

▼ Poule avec ses poussins

de nourriture. D'autres rapaces de l'arctique, comme la buse pattue (*Buteo lagopus*) et la chouette épervière (*Surnia ulula*), dépendent eux aussi des lemmings.

On connaît des phénomènes quelque peu semblables dans les régions désertiques où certains oiseaux ne se reproduisent pas au cours des années de sécheresse extrême. Quelques espèces aviennes n'ont pas un cycle reproducteur annuel et chez elles la période qui sépare deux nidifications dure moins de douze mois. La population de la sterne fuligineuse (*Sterna fuscata*) qui vit sur l'île de l'Ascension dans le Sud de l'Atlantique, niche régulièrement tous les neuf mois et demi, alors que les autres populations de la même espèce, présentes dans d'autres parties de l'hémisphère austral, se reproduisent normalement une fois tous les douze mois. Cet oiseau a été étudié en détail par les ornithologistes N.P. Ashmole, J.P. Chapin et L.W. Wing. Leurs observations ont montré que dans l'intervalle séparant deux pontes il y a place pour l'élevage des petits, la mue et les parades nuptiales qui précèdent une nouvelle reproduction.

D'autres oiseaux ont un cycle reproducteur irrégulier ou plus long. Le premier cas est celui de quelques espèces carnivores de la zone arctique étroitement liées aux lemmings. Le second est celui de grands oiseaux qui se

▼ Coq domestique (genre *Gallus*)

reproduisent seulement une fois tous les deux ans, par exemple l'albatros hurleur (*Diomedea exulans*), qui niche sur les îles subantarctiques. Les différentes étapes de la reproduction de cet oiseau sont très lentes. L'incubation est d'abord assurée par le mâle, que la femelle remplace ensuite. Puis les deux partenaires se relaient à des intervalles variant entre un et dix-sept jours. La durée de l'incubation diffère selon l'espèce : chez l'albatros royal (*Diomedea epomophora*) elle est d'environ 79 jours. Le jeune albatros est surveillé et nourri par ses parents pendant une période qui varie entre cinq mois chez les petites espèces et neuf mois chez les plus grandes, mais ces limites restent très schématiques. En général, les jeunes oiseaux nidicoles restent au nid tant qu'ils sont incapables de voler, mais il y a de très nombreuses exceptions. Chez l'albatros hurleur, le jeune s'envole pour la première fois à l'âge de 278 jours, chez l'albatros royal à 236 jours et chez l'albatros fuligineux à 139-150 jours. Etant donné la longueur de l'élevage des jeunes chez ces oiseaux, les œufs ne sont pondus qu'une fois tous les deux ans, mais chez d'autres albatros de taille inférieure, par exemple l'albatros de Laysan et l'albatros à pieds noirs, la nidification a lieu chaque année. L'époque et la durée de la reproduction varient considérablement selon la latitude et, bien sûr, selon l'espèce considérée. Le plus souvent, la saison de nidification coïncide avec la période où les conditions sont les plus favorables dans le milieu habité par l'espèce. Plus précisément, l'éclosion des petits et leur élevage ont lieu au moment où les ressources alimentaires sont le plus abondantes. Des conditions climatiques défavorables, des événements imprévus, peuvent compromettre la reproduction. Plus on se rapproche des régions polaires, plus la période de nidification commence tard en raison de la longueur de l'hiver. Dans les régions équatoriales, il n'y a pas de période de reproduction bien définie pour toutes les espèces. Ainsi, dans les forêts, certaines espèces font une ou deux pontes (parfois trois) réparties tout au long de l'année et entrecoupées de périodes de repos sexuel relatif.

Dans les régions subtropicales les oiseaux insectivores et frugivores nichent à la saison des pluies, période où ils trouveront le maximum d'aliments adéquats. Les oiseaux granivores nichent plus tard, quand les graines sont mûres, et les prédateurs se reproduisent à la fin de la saison des pluies parce qu'à ce moment, la végétation devenue moins épaisse leur permet de repérer plus facilement les proies. Dans les régions sèches et arides, le printemps est la saison la plus propice à la nidification, les fortes chaleurs estivales étant extrêmement défavorables. Enfin, dans les contrées tempérées et froides, le cycle reproducteur s'étale sur un laps de temps un peu plus long que dans les régions plus chaudes, mais s'écourte progressivement à mesure que l'on se rapproche des zones polaires, puisque la durée de la saison favorable diminue. En principe, sous les hautes latitudes les oiseaux ne pondent qu'une seule fois ; en revanche, le nombre des œufs est plus élevé et, dans une certaine mesure, compense le désavantage résultant de la brièveté de la saison de reproduction. Dans les régions tempérées, certaines espèces font deux ou plusieurs pontes régulières. J. Dorst (1973) a signalé les variations dans l'importance de la ponte chez quelques espèces du genre *Oenanthe,* membres de l'ordre des passériformes. Le traquet motteux (*Oenanthe oenanthe*) des

Paon (*Pavo cristatus*) en train de parader ▶

pays froids et tempérés pond normalement six œufs ; le traquet oreillard (*Oenanthe hispanica*), habitant de la région méditerranéenne, pond cinq œufs, et enfin le traquet rieur (*Oenanthe leucura*) et le traquet du désert (*Oenanthe deserti*), qui vivent dans les régions arides (surtout le second), en pondent seulement quatre.

Le territoire : défense d'entrer

Durant la saison de reproduction de nombreux oiseaux défendent un territoire contre leurs congénères. Dans ce domaine le couple trouvera sa nourriture, construira son nid et élèvera ses petits. Depuis 1968, année où le naturaliste allemand J. B. Altum fournit la première définition scientifique du territoire, les ornithologistes ont longuement discuté sur ce sujet et en ont donné diverses interprétations. Aujourd'hui, en accord avec G.K. Noble et M. Morse Nice (1941), on peut dire que le territoire est tout espace défendu par un oiseau à un moment quelconque de son existence. Le critère sur lequel on se fonde pour distinguer un territoire d'un autre lieu occupé par un oiseau est donc le comportement agressif manifesté par celui-ci vis-à-vis de ses congénères. En revanche, un espace sur lequel ceux-ci peuvent pénétrer sans se faire attaquer n'est pas un territoire.

On distingue différentes sortes de territoires, qui n'ont d'ailleurs pas la même fonction. L'ornithologiste américaine Margaret Morse Nice (1941) a proposé une classification détaillée et distingue plusieurs types de territoires : 1) Une surface dont l'étendue varie selon l'espèce qui l'occupe et dans laquelle ont lieu les différentes phases du cycle reproducteur (accouplement, parades nuptiales, construction du nid, incubation et élevage des petits) et où les propriétaires trouvent leur nourriture (il s'agit d'un modèle de territoire très fréquent chez les passériformes et les piciformes). 2) Une surface où ont lieu toutes les activités reproductrices y compris la construction du nid et l'élevage des jeunes mais où les oiseaux ne trouvent pas leur nourriture, qu'ils recherchent en dehors, dans des lieux fréquentés par plusieurs couples. Dans ce cas il y a donc un territoire de reproduction et une zone neutre où les oiseaux s'alimentent ; dans certains cas ce gagnage sera défendu collectivement contre les intrusions éventuelles de sujets étrangers au groupe qui le fréquente. On observe ce type de territoire chez certains passériformes, les grèbes, les cygnes, l'huîtrier-pie, des busards, etc... 3) Un espace réservé aux parades nuptiales (appelé aussi arène ou « lek »), qui a une importance relativement secondaire puisqu'il sert uniquement aux exhibitions des sujets mâles qui se mettent en valeur avant de s'accoupler. Les femelles construisent le nid ailleurs. Ce territoire n'a aucune valeur du point de vue alimentaire, puisqu'il est extrêmement petit. Il existe chez les tétraonidés, les cotingidés, les oiseaux jardiniers, les oiseaux de paradis, le chevalier combattant, etc... 4) Ce type ressemble au numéro deux mais en diffère par son étendue, car il s'agit d'un territoire limité au nid et à ses environs immédiats ; on le rencontre surtout chez les oiseaux qui nichent en grandes colonies (certains manchots, fous, pélicans, cormorans, goélands, sternes, etc.) ainsi que chez plusieurs hérons et passereaux. Ses dimensions sont de l'ordre de quelques décimètres carrés ou plusieurs mètres carrés ; les oiseaux cherchent leur nour-

◀ Grand tétras (*Tetrao urogallus*)

riture dans des gagnages collectifs. 5) Chez quelques oiseaux, le territoire est divisé en deux parties, l'une où a lieu la nidification et l'autre réservée à la recherche des aliments. Ce modèle existe chez le pinson maritime (*Ammospiza maritima*), passereau nord-américain. 6) D'autres espèces occupent un territoire non seulement pendant la saison de nidification mais aussi en hiver (exemple : pie-grièche grise d'Europe).

De toute façon, certaines espèces défendent un espace autour d'elles quand elles se reposent ou se nourrissent et repoussent leurs congénères qui s'approchent de cette zone. Ce comportement existe chez les pies-grièches, le faucon crécerelle, les gobe-mouches et divers oiseaux de rivage (limicoles), etc. Quelques espèces migratrices défendent également un territoire dans la zone d'hivernage où elles vont passer la mauvaise saison. De toute évidence, ce type de territoire a surtout un intérêt du point de vue alimentaire. Il est possible de distinguer une septième catégorie de territoire, qui correspond à l'endroit où l'oiseau dort et se repose en dehors de la période de reproduction. Il s'agit d'un territoire aux dimensions très réduites, puisqu'il se limite à l'espace occupé par l'animal pour passer la nuit.

Le comportement territorial a une grande importance dans l'existence des oiseaux, et il leur procure de nombreux avantages. En effet, il influe sur leur

▼ Huîtrier-pie (*Haematopus ostralegus*)

répartition dans l'habitat propre à l'espèce car il favorise une exploitation uniforme des ressources du milieu tant du point de vue des emplacements favorables à la nidification que des aliments. Il réduit au minimum les altercations et celles-ci se limitent le plus souvent à des parades, à des menaces ou à des duels purement vocaux. Il augmente les chances d'échapper aux prédateurs parce que l'oiseau connaît bien les cachettes disponibles et suit certains itinéraires plutôt que d'autres. Ces diverses fonctions du territoire ont été plutôt déduites qu'observées directement, et la première a été, et demeure, l'une des plus sujettes à discussion. Le comportement territorial aboutit finalement à contrôler l'importance des populations car il influe sur la répartition des individus en les dispersant dans l'habitat disponible. Il maintient un équilibre entre les ressources fournies par le milieu et le nombre des individus qui peuvent les exploiter et se reproduire. L'éthologiste D. Mainardi écrit à ce propos (*in* Frugis et coll. 1971-1972) : « Etant donné que les sujets incapables de conquérir un territoire ne se reproduisent pas, il y a automatiquement une limitation du nombre des individus en rapport avec la productivité du milieu. Mais selon certains auteurs, comme le zoologiste écossais W.C. Wynne-Edwards, le plus célèbre des opposants à cette thèse, ce mécanisme serait valable aussi pour les espèces qui ont un comportement territorial différent. Certains oiseaux marins, par exemple, limiteraient leur zone de reproduction au moment de la fondation d'une colonie, et ceci permettrait un développement numérique de la population en harmonie avec les ressources fournies par la mer. Il s'agirait, en bref, d'un contrôle à priori des naissances, réalisé en substituant certaines conventions (par exemple la défense d'un territoire) au contrôle direct a posteriori, assuré par la quantité d'aliments disponibles. L'ornithologiste David Lack d'Oxford, qui était d'un avis contraire à celui de Wynne-Edwards, avait réuni de nombreux arguments pour démontrer l'existence d'un contrôle direct des populations aviennes par les ressources alimentaires. Dans l'état actuel de nos connaissances il serait prématuré de faire des déclarations péremptoires en ce domaine ».

La manière dont l'oiseau acquiert et défend son territoire varie selon les espèces. En général, au début de la saison de reproduction, les mâles des oiseaux sédentaires et ceux des migrateurs (qui arrivent à une époque variable) commencent à se fixer dans une portion de leur habitat préféré ; les contours de ce domaine sont encore très flous, mais les oiseaux y affirment leur présence au moyen de signaux visuels ou sonores. A mesure que la saison avance, les nouveaux arrivants s'installent à côté de leurs congénères déjà présents à condition qu'il y ait encore des places libres. Peu à peu, les uns et les autres délimitent d'une façon assez précise leur territoire, autrement dit chacun apprend à connaître les frontières du domaine de ses voisins les plus proches. Dans les zones les plus favorables, les territoires des membres d'une même espèce peuvent être à peu près contigus et occuper tout l'habitat disponible de sorte que les différents couples sont harmonieusement répartis. Ailleurs, des zones neutres peuvent séparer deux ou plusieurs territoires. Les frontières d'un territoire suivent généralement des limites naturelles ou artificielles déjà existantes, fossé, cours d'eau, haie, mur, barrière. Souvent ces lignes de démarcation (par exemple les piquets d'une palissade)

▲ Grande frégate (*Fregata minor*)

sont utilisés comme perchoirs pour le mâle. Du haut de ce poste d'observation il chante ou crie et proclame ses droits de propriété.

La surface du territoire dépend en partie du degré de combativité du mâle. Ainsi, chez de nombreuses espèces, les jeunes mâles qui se reproduisent pour la première fois possèdent généralement un territoire dont les dimensions sont inférieures à celui des mâles plus âgés ayant déjà niché les années précédentes. D'habitude, c'est le mâle qui choisit le territoire et le défend ; il y attire une femelle de passage et s'accouple avec elle. Par la suite la femelle participera elle aussi à la défense du domaine contre les intrus. Dans certains cas les deux partenaires cherchent ensemble un territoire : c'est ce que font les canards. Chez ces oiseaux les couples se forment dans la zone d'hivernage et, après le retour sur les lieux de nidification, ils s'établissent dans l'endroit qui leur convient. Chez d'autres espèces, notamment les colibris, c'est la femelle qui présente un comportement territorial très net. Cette particularité s'explique du fait qu'elle joue le rôle le plus important pour la nidification : elle est seule à construire le nid, se charge entièrement de l'incubation et de l'élevage des jeunes. Enfin, chez des oiseaux où le dimorphisme sexuel est très accusé, les deux partenaires défendent chacun le territoire contre les congénères de leur sexe. L'ornithologiste américain Joël Carl Welty (1962) a cité quelques exemples de superficie du territoire : mouette rieuse (*Larus ridibundus*) 0,3 m² ; foulque noire (*Fulica atra*) 4 000 m² ; pygargue à tête blanche (*Haliaeetus leucocephalus*) 2 500 000 m² ; aigle royal (*Aquila chrysaetos*) 93 000 000 m² ; troglodyte familier (*Troglodytes aedon*) 4 000 m²;

merle noir (*Turdus merula*) 1 200 m² ; grive musicienne (*Turdus philomelos*) 40 000 m² ; rouge-gorge (*Erithacus rubecula*) 6 000 m² ; pinson des arbres (*Fringilla coelebs*) 4 000 m². Il s'agit bien entendu de moyennes, car les dimensions du territoire peuvent varier selon les conditions locales, la densité de l'espèce, etc. Par exemple les ornithologistes F.A. Pitelka, P.Q. Tomich et G.W. Treichel (1955), qui ont étudié les relations écologiques entre les stercoraires et les chouettes harfang, oiseaux prédateurs des lemmings, dans la région de la pointe Barrow en Alaska, ont constaté que la superficie du territoire du stercoraire ou labbe pomarin (*Stercorarius pomarinus*) variait entre six et neuf hectares les années où il y avait une pullulation de rongeurs et quarante-cinq hectares en moyenne les années où ces petits animaux commençaient à se raréfier.

L'oiseau défend son territoire en prenant des attitudes particulières, en se déplaçant ou en émettant des cris ou un chant. Les mâles des passereaux se servent surtout de leur voix pour annoncer leur présence sur l'espace qu'ils revendiquent, et le chant a une grande importance, notamment chez ceux qui vivent dans des milieux fermés (bois, fourrés) où les « contacts » visuels sont assez difficiles et relativement rares. Les parades nuptiales varient considérablement selon l'espèce. A ce sujet on peut prendre en exemple le rouge-gorge dont le comportement a été étudié en détail par l'ornithologiste anglais David Lack. En présence d'un congénère, ce sympathique petit oiseau prend

▼ Talégalle de Latham (*Alectura lathami*)

◀ Avocette
(*Recurvirostra avosetta*)

des postures de menace. Il met en valeur la tache rousse de sa poitrine en gonflant les plumes qui la forment. La façon de voler peut avoir une signification pour la défense du territoire. Les émissions vocales, les mouvements et les attitudes ont donc pour fonction de signaler la présence du propriétaire sur son domaine et contribuent à éviter les altercations avec d'éventuels intrus qui hésitent à pénétrer dans la propriété d'autrui. En raison de la densité des oiseaux et de la proximité des territoires, les conflits et autres accrochages sont malgré tout assez fréquents. Quand une bagarre éclate c'est généralement le propriétaire du territoire qui a l'avantage, et il réussit à éloigner l'importun par son comportement menaçant. Si on enferme un rouge-gorge dans une cage et que l'on place celle-ci dans le territoire de l'oiseau, les rouges-gorges étrangers s'enfuiront après que le légitime propriétaire aura chanté et pris une posture de menace. Si au contraire le rouge-gorge emprisonné est placé dans le territoire d'un autre il prendra une attitude de soumission en présence du maître des lieux, car celui-ci se sera comporté de façon comminatoire. Lack a fait une autre expérience avec des rouges-gorges. Elles consistait à mettre un sujet empaillé dans le territoire d'un oiseau vivant. Le propriétaire s'approchait du faux intrus et prenait toutes les atti-

▼ Différents types de territoire

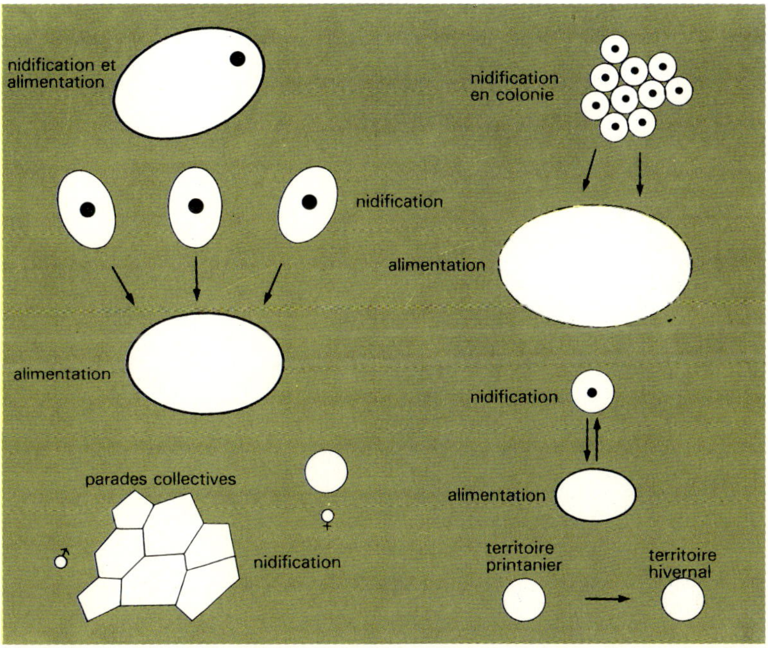

tudes exprimant la menace. Comme cela ne produisait aucun effet (et pour cause !) son agressivité se déchaînait et il passait à l'attaque directe, criblant l'oiseau naturalisé de coups de bec.

L'agressivité joue un rôle important dans l'existence des animaux et elle a des bases héréditaires puisque, en sélectionnant les espèces domestiques, on a réussi à obtenir des races plus ou moins agressives. Ajoutons que l'agressivité dépend également de facteurs hormonaux. Au cours de l'année, l'agressivité des oiseaux varie selon un cycle assez net. Elle est particulièrement forte pendant la saison de nidification et s'atténue en hiver puisque, chez de nombreuses espèces, on observe la formation de troupes au sein

▼ Bernache à cou roux

desquelles il n'y a pas d'altercations. Il semble que la concentration dans le sang de l'hormone mâle (testostérone) explique ces changements. L'agressivité, notamment celle qui oppose des membres d'une même espèce, se manifeste le plus souvent par des comportements ritualisés qui évitent les effusions de sang entre le sujet dominant et le subordonné. Cette ritualisation a beaucoup d'importance pour l'espèce puisqu'elle empêche des pertes inutiles.

▼ Grands corbeaux (en haut) Colonie de corbeaux freux (en bas) ▼

L'étude des migrations au moyen du baguage a montré que certains oiseaux sont fidèles au même territoire ou du moins au biotope dans lequel ils ont niché l'année précédente. Cet attachement dépend entre autres de l'espèce, du sexe et de l'âge du sujet.

Les parades nuptiales : des cérémonies variées

Après s'être installé dans le territoire qu'il a choisi, le mâle cherche une compagne avec laquelle il s'accouplera. Il réussit à la faire venir près de lui en accomplissant un cérémonial plus ou moins compliqué auquel on donne le nom de parades nuptiales. Selon l'espèce, celles-ci consistent en « danses », exhibitions de plumes ornementales vivement colorées ou très longues, attitudes particulières, émissions vocales, etc. Attirée par toutes ces manifestations, la femelle peut dans certains cas (notamment s'il s'agit d'espèces où le plumage des deux sexes ne présente aucune différence) subir les attaques du mâle qui ne sait pas à qui il a affaire. Mais bientôt son comportement paisible incitera son futur partenaire à lui faire la cour, et le couple ne tardera pas à se constituer. Le déroulement des parades nuptiales suit un rituel précis, c'est pourquoi l'analyse de leurs éléments permet de découvrir les liens phylogénétiques existant entre les membres de diverses familles (toutefois il faut être extrêmement prudent quand on se livre à ce genre d'interprétations).

Les stimuli visuels et acoustiques sont largement utilisés au cours des parades nuptiales. Les premiers dominent chez les espèces dont le plumage est brillamment coloré et qui présentent un dimorphisme sexuel accentué. En revanche, les cris, les chants et les sons extra-vocaux (ou instrumentaux) jouent un rôle prépondérant chez les espèces dont la livrée est plus modeste.

La variété des parades nuptiales est absolument prodigieuse. En les accomplissant le mâle montre à la femelle la beauté de son plumage ou lui fait entendre sa voix ; dans les deux cas l'effet attractif est incontestable. Tout le monde connaît la parade du paon. Cet oiseau fait la roue en relevant les magnifiques plumes de sa traîne (celle-ci correspond non pas à la queue, dont les plumes sont relativement courtes, mais aux couvertures sus-caudales démesurément allongées et brillamment colorées). Le dindon domestique se comporte pareillement mais utilise ses rectrices et en même temps il lance des glougloutements. Chez certains passereaux le mâle prend des attitudes ou fait des mouvements qui mettent en valeur les taches colorées de son plumage. Chez l'humble moineau domestique le mâle présente la tache noire de sa gorge. Le traquet motteux ouvre et étale sa queue ornée d'un dessin noir et blanc très visible, et tout en la relevant il tourne autour de la femelle. Le mâle de la fauvette à tête noire hérisse les plumes de sa calotte et de son dos, étale et ferme la queue tour à tour. Chez les célèbres oiseaux de paradis les parades nuptiales sont spectaculaires en raison de l'extraordinaire beauté du plumage et des attitudes étranges qu'ils adoptent. Le mâle du paradisier de l'archiduc Rodolphe (*Paradisaea rudolphi*) possède de longues touffes de plumes bleues sur les flancs. Pivotant autour de son perchoir, il se laisse tomber la tête en bas et reste suspendu par les pattes. En même temps il écarte ses plumes ornementales et se balance doucement. L'ornithologiste et

Ara macao (à g.) et *Ara ararauna* ▶

éthologiste Konrad Lorenz a étudié en détail le comportement des anatidés à l'époque de la reproduction, et notamment leurs parades nuptiales. Lorenz s'est attaché à rechercher la concordance qui existe entre les structures morphologiques et les comportements afin de connaître les affinités phylogénétiques des différentes espèces. Chez les anatidés, et plus particulièrement les canards, les parades nuptiales comportent un gonflement du plumage, des émissions vocales (sifflements et grognements), des mouvements de la queue et du cou, des secouements de tête, l'immersion du bec, etc.

Les parades nuptiales de plusieurs espèces d'ardéidés (hérons, aigrettes) ont été soigneusement étudiées par plusieurs chercheurs. Quand les hérons cendrés (*Ardea cinerea*) regagnent l'emplacement de leur colonie au printemps, les mâles paradent et les couples se forment peu à peu. Les ornithologistes P.S. Milstein, I. Prestt, A.A. Bell, J. Verwey et d'autres encore ont décrit ces parades en détail, et d'autres études, actuellement conduites par F. Barbieri et M. Fasola, ont confirmé les résultats obtenus précédemment. Les parades nuptiales du héron cendré comprennent trois phases principales auxquelles s'ajoutent des gestes tels que le secouement d'une branche tenue dans le bec ou la toilette du plumage. Le plus souvent les trois attitudes essentielles sont prises près d'un vieux nid abandonné ou sur la branche qui, plus tard, supportera le nid. L'oiseau lance un cri d'avertissement particulièrement fort, puis il pointe le bec vers le ciel et incline le cou en arrière, attitude évoquant celle que l'on observe chez un autre héron, le butor étoilé, après quoi il fait une révérence. Cette parade dure seulement quelques minutes, mais peut être répétée pendant plusieurs heures. Selon l'éthologiste Niko Tinbergen, elle aurait quatre fonctions principales : favoriser la synchronisation du comportement de deux partenaires, indiquer l'emplacement où le nid sera construit, inhiber les comportements n'ayant aucune signification du point de vue sexuel (par exemple les manifestations d'agressivité) et enfin contribuer à éviter les méprises en isolant le couple. De même, la parade nuptiale du héron bihoreau (*Nycticorax nycticorax*) a été étudiée avec précision par divers auteurs (K. Lorenz, G.K. Noble, M. Wurm, A. Schimov, C. Voisin, S. Frugis, F. Barbieri et M. Fasola). Elle se compose de « danses » au cours desquelles l'oiseau lève alternativement ses pattes et les approche de la tête, de courbettes (l'oiseau dresse et abaisse la tête) et enfin d'un lissage symbolique du plumage.

Au cours des parades nuptiales, le bec, les pattes et le gosier peuvent jouer un rôle non négligeable s'ils présentent des couleurs vives. Ainsi, chez le fou à pieds bleus (*Sula nebouxii*), le mâle exhibe ses pattes d'un bleu azuré et étale leurs palmures au maximum. Si les parades sont souvent le fait du mâle, il existe des espèces chez lesquelles les deux sexes y prennent part de façon égale ou non. Il s'agit en général d'oiseaux où mâle et femelle ont la même coloration et ne présentent aucun dimorphisme. On en connaît toutes sortes d'exemples, et certaines descriptions sont devenues des classiques de la « littérature ornithologique ». C'est le cas des parades du grèbe huppé (*Podiceps cristatus*), qui ont été observées dans tous leurs détails par l'ornithologiste anglais Julian Huxley dès 1914 et ultérieurement par son compatriote K.E.L. Simmons. Chez cet oiseau, mâle et femelle font les mêmes gestes et prennent les mêmes attitudes. Par exemple, on les voit plonger et prendre dans leur bec une touffe de végétaux aquatiques, puis se rapprocher et se dresser face à face, en gardant les plantes entre les mandibules. La parade nuptiale du fou de Bassan est du même type. E.A. Armstrong l'a décrite avec soin. Les deux oiseaux se tiennent poitrine contre poitrine et pointent le bec vers le ciel ; cette attitude renforce leur union et réduit leur tendance à fuir ou leur agressivité. Chez les albatros, mâle et femelle se frottent souvent le bec mutuellement.

Selon l'espèce, les parades nuptiales se déroulent à terre, sur l'eau ou dans l'espace. La plus classique des parades aériennes est celle des oiseaux rapaces qui effectuent toutes sortes d'acrobaties et en viennent même à s'accrocher par les pattes (c'est ce que l'on remarque chez plusieurs espèces d'aigles). Les parades aériennes de quelques passereaux sont elles aussi bien connues, par exemple celle de l'alouette des champs (*Alauda arvensis*) et celle du pipit des arbres (*Anthus trivialis*). Les parades nuptiales comportent parfois des attitudes symboliques de demande de nourriture (de la part de la femelle) et d'offrande d'aliments (de la part du mâle). Dans ce cas la femelle prend la même posture dite « de mendicité » que les oisillons qui réclament la becquée. En fait ce comportement n'a aucune valeur du point de vue de la nutrition, car on l'a observé même quand la femelle venait de manger. Il existe chez divers passériformes, goélands, mouettes et sternes. Dans d'autres cas le mâle fait une offrande symbolique avec des matériaux servant à la construction du nid. Ces rites évoquent certaines activités essentielles de la nidification, comme le nourrissage de la couveuse et la préparation du nid.

Les parades des membres de la famille des ptilonorhynchidés ou oiseaux à berceau, qui font partie de l'ordre des passériformes, sont d'un tout autre genre. Parlant de leur comportement le biologiste G.E. Hutchinson a dit qu'« il n'a pas d'équivalent dans le règne animal en raison de sa diversité et de son raffinement ». Ces oiseaux, qui vivent en Australie et surtout en Nouvelle-Guinée, construisent de véritables édifices entourés d'espaces décorés d'objets colorés, qui leur a valu leur autre nom d'oiseaux jardiniers. Se servant de branchettes qu'ils ont ramassées, de tiges, d'herbes, de feuilles et d'autres fragments de plantes, les mâles de plusieurs espèces bâtissent de petites huttes ou des « allées » dont ils ornent les abords avec des objets brillants. Deux espèces vont même jusqu'à prendre les parois de leur construction ! Ayant achevé cet ouvrage, le mâle lance des cris et attire une femelle devant laquelle il va et vient. Finalement, elle pénètre dans la construction et l'accouplement a lieu à l'intérieur (au moins chez certaines espèces). Certains oiseaux jardiniers se contentent de préparer une sorte de plate-forme en un endroit de la forêt ; d'autres au contraire font des bâtisses compliquées semblables à des cabanes ou à des mâts de cocagne. Le mâle de l'oiseau satin (*Ptilonorhynchus violaceus*) se sert d'un morceau d'écorce ou d'un tampon de fibres comme d'un pinceau pour colorer sa construction en bleu. La peinture est du charbon de bois ou de la pulpe de fruit mêlée à la salive. Plusieurs oiseaux appartenant à d'autres familles préparent une place de parade en débarrassant le sol forestier des feuilles mortes et autres débris qui le jonchent. Ce comportement existe chez l'argus (*Argusianus argus*) et l'oiseau-

▲ Mâles de chevalier combattant (*Philomachus pugnax*)

lyre (*Menura superba*).

Les parades nuptiales sont parfois collectives. Dans ce cas ce ne sont pas seulement le mâle ou les deux membres du couple qui y prennent part mais un certain nombre d'individus qui se réunissent chaque année au même endroit. Cet espace a été appelé arène (ou «lek»). Le plus souvent plusieurs mâles s'y retrouvent régulièrement au printemps, et une hiérarchie s'établit entre eux. Les femelles choisissent leur partenaire à l'issue des duels plus ou moins fictifs que se livrent les mâles. L'un des plus connus parmi les oiseaux dont les parades sont collectives est le chevalier combattant (*Philomachus pugnax*) chez lequel, à la saison de reproduction, les mâles possèdent des plumes ornementales dont la couleur varie d'un individu à l'autre. Ces plumes forment une large collerette et deux touffes de chaque côté de la tête. Au printemps les combattants mâles se rassemblent en des lieux herbeux, et chacun se pavane sur un minuscule espace, cherchant à éviter ses voisins et à impressionner une femelle. On retrouve le même type de parade exécutée sur un emplacement précis chez plusieurs espèces de la famille des tétraonidés, par exemple le tétras-lyre ou petit coq de bruyère (*Lyrurus tetrix*), espèce eurasiatique, le tétras cupidon (*Tympanuchus cupido*) et le tétras centrocerque (*Centrocercus urophasianus*), oiseaux nord-américains. Chez certains de ces oiseaux la hiérarchie entre les mâles est très nette et présente une grande importance. Par exemple, chez le tétras-lyre, 74 pour 100 des accouplements sont réalisés par le mâle dominant. Les sujets subordonnés ne réussissent à s'accoupler que pendant les moments où le plus élevé dans la hiérarchie ne fait pas attention ou se repose. Ceux qui se trouvent à l'échelon le plus bas doivent attendre la fin de la période de reproduction pour avoir une chance de s'accoupler. Signalons à ce sujet que chez le

tétras centrocerque on a dénombré jusqu'à quatre cents mâles sur une arène mesurant huit cents mètres de long. Enfin, il existe des situations intermédiaires entre les parades solitaires et les parades collectives. C'est ce qui se passe chez quelques manakins, passereaux américains de la famille des pipridés. Plusieurs individus (parfois jusqu'à soixante-dix) se partagent une arène où chacun défend son petit territoire personnel. Les arènes semblent avoir pour fonction de favoriser les rencontres entre sujets des deux sexes (elles seraient plus difficiles si les oiseaux restaient chacun de leur côté) et d'assurer la fécondation des femelles par les mâles les plus vigoureux, c'est-à-dire ceux qui occupent le niveau le plus élevé dans la hiérarchie sociale.

Les parades nuptiales entraînent une forte dépense d'énergie en raison de l'excitation manifestée par les oiseaux qui y participent. Chez les espèces où elles sont très complexes, les mâles finissent par être tellement fatigués qu'ils se reposent et se désintéressent complètement du sort de leurs descendants. Ajoutons que chez les espèces où les parades sont collectives, il n'y a pas formation de véritables couples et les sujets des deux sexes vivent en promiscuité. Les parades servent donc essentiellement à synchroniser les

▼ Pigeon ramier (*Columba palumbus*) nourrissant ses deux petits

▲ Héron pourpré (*Ardea purpurea*) sur son nid

cycles sexuels des futurs partenaires. Sans cette coordination, la reproduction et, par conséquent, l'existence même de l'espèce seraient irrémédiablement compromises. Dans la très grande majorité des cas l'initiative du dialogue entre mâle et femelle revient au premier. Toutefois il y a des exceptions, comme celle des rhynchées ou bécasses peintes et des turnix ou cailles batailleuses, chez lesquels ce sont les femelles qui paradent. Polyandres, elles ne s'occupent ni de couver ni de surveiller les petits et laissent ce soin aux mâles. Chez les tétraonidés, quelques oiseaux de paradis, des coucous et le chevalier combattant, les liens entre mâle et femelle durent juste le temps de l'accouplement.

Parmi les autres oiseaux polygames on compte certains ratites (autruche, nandous), des faisans, plusieurs passereaux (par exemple le troglodyte mignon et le bruant proyer). Ces oiseaux sont polygames puisqu'un mâle s'accouple avec plusieurs femelles, et ce type de relations sexuelles peut exister dans une partie de l'aire de distribution de l'espèce tout en faisant

▲ Œufs et jeune de héron pourpré

défaut ailleurs. Les turnix, les jacanas, les rhynchées et les phalaropes sont polyandres. Enfin, l'immense majorité des oiseaux sont monogames. Le plus souvent, l'union du mâle et de la femelle dure seulement pendant une saison de reproduction. Parfois elle est plus longue et dans plusieurs cas il a été prouvé que les deux oiseaux restaient ensemble toute leur vie (albatros royal de Nouvelle-Zélande par exemple).

Le nid : un abri douillet, une protection efficace

Le nid est un abri destiné à protéger efficacement les œufs et éventuellement les jeunes oiseaux. Sauf exceptions, les oiseaux en construisent un, même très rudimentaire, car les œufs ou les jeunes (surtout ceux que l'on qualifie de nidicoles) sont exposés à de multiples dangers issus des conditions ambiantes (climat par exemple) ou des prédateurs. L'évolution des modalités de la nidification s'est faite sous l'influence des facteurs du milieu et de la physiologie de l'espèce. Grâce à leur homéothermie, les oiseaux se sont rendus plus ou moins indépendants des fluctuations du climat, c'est pourquoi ils couvent leur œufs eux-mêmes et, sauf exceptions, le développement des embryons ne dépend pas de la chaleur dégagée par la fermentation de substances végétales ni de celle que diffusent les rayons du soleil. Les exceptions à cette règle se trouvent dans l'ordre des galliformes et la famille des mégapodiidés. Ces oiseaux utilisent des couveuses artificielles. Ils vivent en Australie, en Nouvelle-Guinée, en Malaisie et sur quelques îles de la Micronésie. Selon l'espèce, ils ont adopté l'un des trois systèmes suivants. Les uns entassent des feuilles mortes, du terreau et d'autres matières végétales dont la

▼ Couple de blongios nains (*Ixobrychus minutus*) avec ses petits

décomposition fournit suffisamment de chaleur ; d'autres mettent à profit les rayons du soleil, et les derniers comptent sur la chaleur diffusée par les terrains volcaniques. Dans le premier cas les œufs sont pondus quand la température atteint 35 à 36° à l'intérieur du tumulus. La période d'incubation dure environ soixante-trois jours et c'est l'une des plus longues dans la classe des oiseaux. Chez le *Megapodius freycinet,* le couple reste auprès du nid, et le mâle surveille attentivement l'évolution de la température, maintenant celle-ci au même niveau en aérant ou au contraire en empêchant les pertes de chaleur. Le tumulus élevé par ces oiseaux atteint parfois quatre mètres cinquante de haut, bien qu'en général il ne dépasse pas un mètre cinquante à deux mètres dix, et son diamètre est au maximum de six mètres. Cependant, une « couveuse » trouvée en Australie mesurait près de quinze mètres de diamètre !

A propos de la nidification, J. Dorst écrit ceci (1973) : « L'évolution du mode de nidification telle qu'on peut l'imaginer avec vraisemblance s'est produite sous les effets de la sélection naturelle. La fraction de la population d'une espèce donnée ayant adopté le meilleur mode de nidification s'est trouvée favorisée au point que les autres ont progressivement disparu. Cela implique bien entendu que le mode de nidification est devenu héréditaire. En fait, parmi les oiseaux actuels, le type de nid est fixé dans d'étroites limites pour la plupart des espèces, au point que l'apparence extérieure de la construction permet le plus souvent d'identifier le propriétaire. Une certaine souplesse est toutefois conservée chez les oiseaux ayant des exigences écologiques relativement lâches ».

La diversité de formes et de situations des nids est extrême. Les oiseaux dont les petits sont des poussins nidifuges, capables de se déplacer très rapidement après l'éclosion, font un nid assez rudimentaire ou même se contentent de pondre leurs œufs directement sur le substrat (ratites, manchots, plusieurs oiseaux de mer et quelques limicoles). De même les guillemots déposent leur unique œuf sur une corniche dans une paroi de rocher dominant la mer. Les risques du chute sont quelque peu limités par la forme en toupie de cet œuf. D'autres oiseaux rassemblent des fragments de coquillages, de petits cailloux, des morceaux de plantes, et en garnissent une légère dépression creusée dans le sol. Le manchot empereur mâle place l'œuf sur ses pattes et le couvre avec un pli de peau abdominale, véritable *incubatorium.* Il est le seul, avec le manchot royal, à posséder ce détail morphologique. D'autres oiseaux pondent leurs œufs dans une cavité naturelle de la terre ou une fissure de rocher. Certains adoptent des trous d'arbres pré-existants, à moins qu'ils ne creusent eux-mêmes une loge dans le bois (exemple : les pics). Parmi les premiers on compte la sittelle, qui modifie seulement l'entrée de l'anfractuosité. Certains passereaux construisent un véritable nid à l'intérieur du trou d'arbre ou de mur qu'ils ont choisi. Bien entendu, les nids installés dans un trou sont mieux protégés contre les prédateurs que ceux qui se trouvent à l'air libre. Ils assurent donc souvent une meilleure réussite de la reproduction. D'autres nids, en forme de terriers, sont creusés entièrement dans la terre à moins que les oiseaux ne profitent de cavités naturelles qu'ils agrandissent à leur convenance.

De nombreux oiseaux placent leur nid par terre. Il s'agit des busards, des râles, des grues, des plongeons, des mouettes, des oies, des canards, des sternes, des petits échassiers et de passereaux comme les alouettes, etc. Beaucoup d'autres construisent dans les arbres, sur les buissons, parmi les branches, au-dessus du sol. Ces nids sont presque toujours plus élaborés car ils sont fixés à la végétation. Certains sont de véritables chefs-d'œuvre. Celui d'une fauvette couturière (*Orthotomus atrigularis*) est formé d'une grande feuille enroulée en cornet dont les bords sont cousus avec des filaments ; l'espace ainsi ménagé est rempli de matériaux variés. Un autre nid remarquable est celui de la mésange rémiz (*Remiz pendulinus*) car il a la forme d'un sac entièrement fermé à l'exception d'un petit orifice. Certains nids utilisés plusieurs années de suite finissent par devenir très volumineux parce que les oiseaux les améliorent chaque fois qu'ils les occupent. Il s'agit notamment des aires de grands rapaces et de quelques échassiers. F.H. Herrick a signalé un nid de pygargue à tête blanche (*Haliaeetus leucocephalus*) qui mesurait quatre mètres de haut, trois mètres de diamètre et pesait plus de deux tonnes. Il y a des nids collectifs construits et occupés par plusieurs couples. L'exemple classique de ce modèle est celui du républicain (*Philetairus*

▼ Nid d'ammomane du désert (*Ammomanes deserti*)

Nid d'hirondelle de cheminée (*Hirundo rustica*) ▶

socius), passereau sud-africain. Les ornithologistes N.E. et E.C. Collias ont observé une colonie (vieille de cent ans) qui se composait de quatre nids dont le plus grand mesurait quatre mètres quatre-vingts de long, trois mètres soixante de large et était percé de cent vingt-cinq ouvertures correspondant à autant de logettes. On connaît également des associations d'espèces, un oiseau de petite taille profitant du support formé par le nid d'une espèce de grande dimension pour y installer son propre berceau. Dans les parois du nid de certains gros rapaces, on remarque parfois la présence de moineaux friquets ou de bergeronnettes grises qui élèvent leur nichée tranquillement.

Le nid est plus ou moins bien protégé contre les prédateurs selon sa situation. A l'approche d'un ennemi potentiel l'oiseau couveur reste immobile, comptant sur son camouflage, ou au contraire réagit activement en prenant la fuite ou en essayant d'éloigner le danger. Plusieurs limicoles emploient une tactique consistant à s'éloigner en feignant d'avoir une aile ou une patte cassée. Simultanément ils lancent des cris de détresse. De cette façon ils réussissent à détourner sur eux l'attention du prédateur et l'entraînent à distance du nid. Ce comportement a reçu le nom de parade de détournement. Sauf exceptions, le nid n'est utilisé que pour la reproduction. C'est seulement chez un petit nombre d'espèces qu'il sert également de lieu de repos nocturne ou pour les parades nuptiales. Le comportement de construction du nid est sous la dépendance de facteurs hormonaux liés aux changements physiologiques qui se produisent dans l'organisme à l'approche de la saison de reproduction. Le choix de l'emplacement, celui des matériaux et la construction propre-

▼ Nid de républicain (*Philetairus socius*)

◀ Nid de mésange rémiz (*Remiz pendulinus*)

Pages suivantes : développement d'un embryon d'oiseau. 12 heures après le début de l'incubation ; 90 heures après le début de l'incubation ; au début du 9ème jour ; le 10ème jour ; le 13ème jour ; après 15 jours.

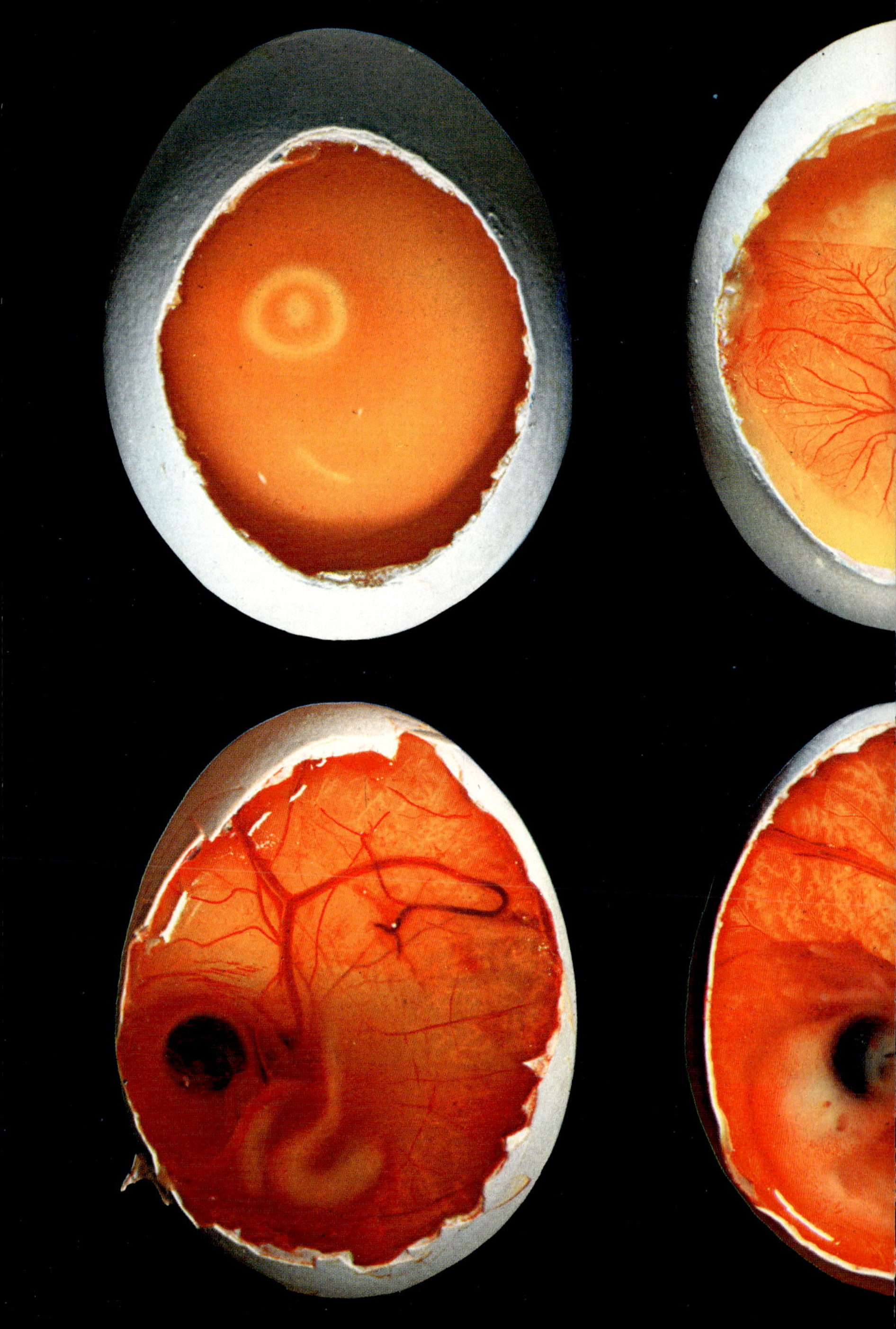

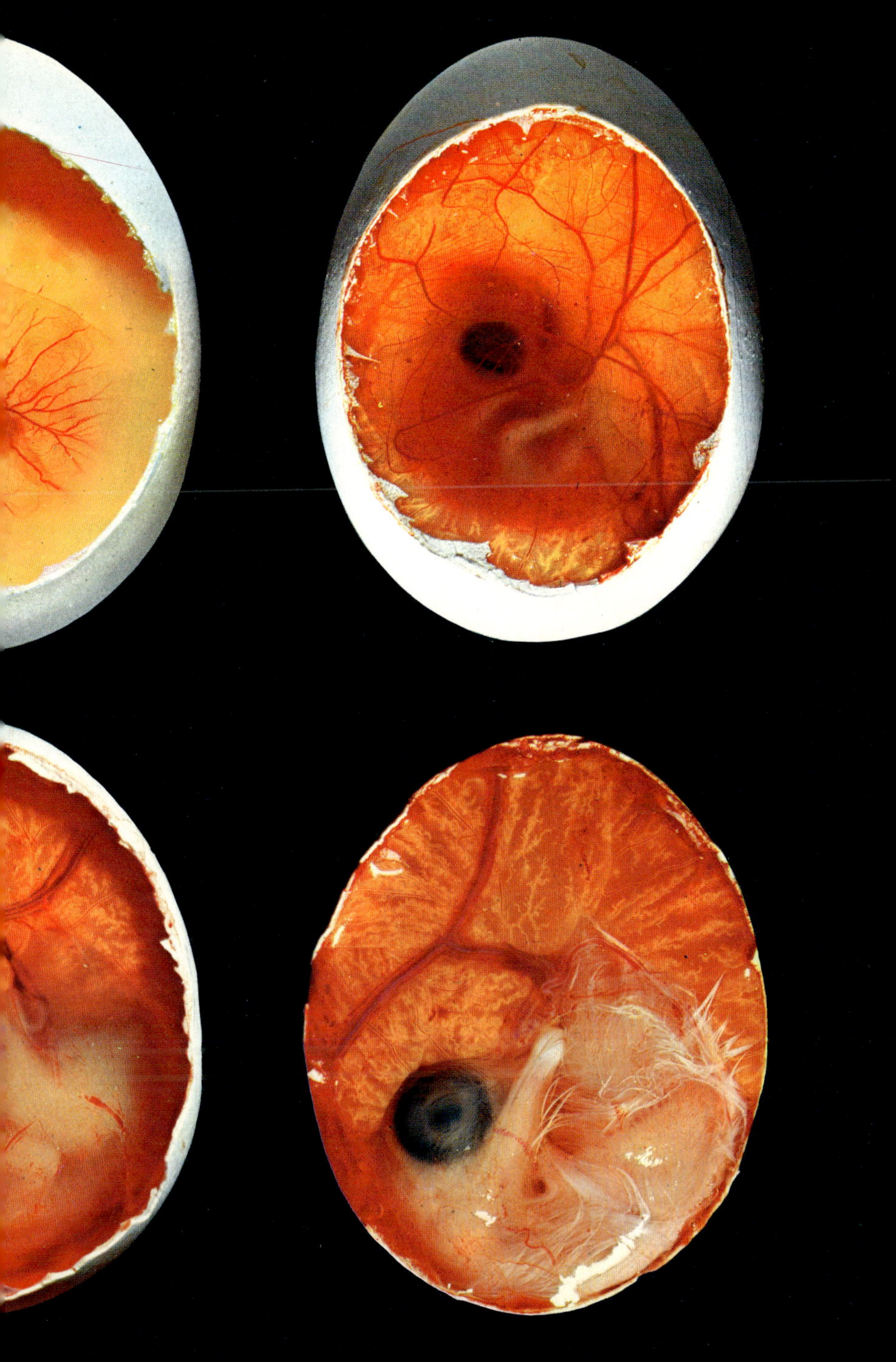

◀ Eclosion d'un poussin

ment dite sont, selon l'espèce, l'apanage du mâle ou de la femelle, mais les deux partenaires peuvent participer au travail. La durée de la construction varie entre deux et six jours pour quelques passereaux et quatre mois pour l'ombrette (*Scopus umbretta*), échassier africain dont le nid ressemble à une grosse boule de branches pourvue de trois chambres. Chez certains oiseaux, par exemple les rapaces diurnes, mais aussi les pics, le nid peut être utilisé plusieurs années successivement, ou à des intervalles.

▼ Poussins de poule domestique âgés de 3 semaines

La demeure est prête à accueillir la famille

La femelle commence à pondre après l'achèvement du nid. La forme, les dimensions, la coloration, le nombre des œufs et la durée de leur incubation sont extrêmement variables selon l'espèce. De même, la surveillance et l'élevage des petits sont assurés de façon très différente. On distingue deux catégories de jeunes oiseaux : les nidifuges et les nidicoles. L'œuf peut être piriforme, ovale, elliptique ou presque rond, et il y a de nombreux intermédiaires entre ces formes principales. Les oiseaux qui ont un bassin assez haut pondent des œufs à peu près sphériques (exemple : hibou grand-duc, rapaces diurnes) tandis que ceux dont le bassin est peu élevé pondent des œufs allongés (exemple : les grèbes). Chez les espèces dont la ponte comprend de

▼ Echasse à cou noir (*Himantopus mexicanus*)

nombreux œufs, ceux-ci sont proportionnellement plus petits que ceux des oiseaux dont la ponte est moins importante.

La coloration varie en fonction de plusieurs facteurs. Les espèces qui pondent dans des nids situés à l'air libre ont souvent des œufs plus ou moins camouflés et homochromes avec le milieu ambiant ; en revanche, celles qui pondent dans des cavités ont généralement des œufs blancs. Ils convient de ne pas oublier qu'il ne s'agit pas de règles absolues mais seulement de tendances qui souffrent de nombreuses exceptions. Ainsi, les œufs de l'autruche, des pélicans et des albatros sont blancs bien qu'ils soient pondus par terre, à découvert. L'époque de la ponte varie selon la région et d'une espèce à l'autre. En général elle coïncide avec la saison la plus favorable en ce qui

▼ Nid de foulque noire avec un poussin et des œufs

concerne les conditions du milieu. Le mot ponte se rapporte non seulement à l'acte de l'oiseau qui dépose un œuf mais aussi à l'ensemble des œufs déposés dans le nid. Les albatros, quelques rapaces diurnes et manchots ne pondent qu'un seul œuf. A l'opposé, des mésanges pondent quatorze œufs et plusieurs gallinacés jusqu'à vingt-deux ! Chez certains oiseaux le nombre des œufs qui forment une ponte est fixe (les colibris pondent toujours deux œufs) alors que chez d'autres il présente des variations plus ou moins fortes. En général on peut dire que le couple (quand il existe) a le nombre de petits qu'il sera capable d'élever. D. Lack (1968) a fait une synthèse des études consacrées aux adaptations écologiques de la reproduction des oiseaux et a fourni de nombreux commentaires intéressants. Les conditions ambiantes (altitude, climat, etc.), qui changent selon la latitude, exercent une grande influence sur la ponte. Une situation défavorable, la prédation et d'autres

Pages suivantes : différents types de nids ▶

▲ Fider

Petit gravelot ▶

◀ Guifette noire

▼ Accenteur mouchet

▼ Rossignol

◀ Sterne Pierre-Garin

Traquet pâtre ▶

Canard colvert ▶

▼ Linotte mélodieuse

▲ Locustelle luscinioïde

▼ Nid de foulque

Chardonneret ◀

Anatidé ▶

causes encore sont à l'origine de la disparition de nombreuses couvées. Les œufs appartenant à la même ponte sont déposés à des intervalles variant entre vingt-quatre heures chez la majorité des passereaux et cinq à sept jours chez certains fous et calaos. La femelle de quelques espèces produit un nombre d'œufs extrêmement élevé si l'on enlève ceux-ci à mesure qu'ils sont déposés. De nombreux oiseaux ne font qu'une seule ponte régulière chaque année, d'autres en font deux ou même trois, le maximum étant de cinq chez la tourterelle de la Caroline (*Zenaidura macroura*). Enfin, quand leur nid est détruit, bon nombre d'oiseaux en bâtissent un autre et font une ponte dite de remplacement.

L'incubation commence après la ponte du premier œuf ou seulement après que tous les œufs ont été déposés. Dans le premier cas les jeunes éclosent successivement et leur apparence diffère notablement. Chez les rapaces diurnes il peut même arriver que le petit dernier périsse, évincé par ses frères et sœurs qui accaparent toute la nourriture et ne lui laissent presque rien. Pour couver, l'oiseau met en contact sa peau avec les œufs. Sur la partie abdominale de son corps se trouvent en effet des « plaques incubatrices », zones où les plumes tombent à la suite d'une mue spéciale. Ces surfaces sont richement irriguées par des vaisseaux sanguins et permettent la transmission de la chaleur corporelle. Les œufs sont régulièrement retournés et changés de place de façon à ce que tous reçoivent la même quantité de chaleur. Si l'air ambiant est très chaud, l'oiseau protègera sa ponte en écartant les ailes au-dessus du nid. Au début de l'incubation les œufs peuvent généralement supporter un refroidissement passager ; en revanche, une élévation de leur température est beaucoup plus rapidement fatale, et l'abandon de la couvée pendant quelques jours quand l'incubation est très avancée entraîne automatiquement la mort des embryons. Chez un certain nombre d'espèces l'incubation est presque continue car le mâle et la femelle se relaient régulièrement. Elle est plus irrégulière quand un seul des deux sexes couve, car alors les œufs sont laissés pendant des périodes de longueur variable atteignant au grand maximum sept jours chez le puffin des anglais. Les anis, oiseaux du genre *Crotophaga* vivant en Amérique, bâtissent et utilisent en commun un seul nid. Les femelles de plusieurs couples y pondent leurs œufs (au total on en trouve jusqu'à vingt-quatre) et les couvent simultanément ou en alternance selon l'importance de la petite communauté. De même l'élevage des jeunes est l'affaire de tous les membres du groupe. La durée de l'incubation varie entre onze et douze jours chez quelques molothres et soixante-dix-huit à quatre-vingt-un jours chez l'albatros royal. A la fin de l'incubation, la coquille de l'œuf devient plus fragile, et le jeune oiseau l'ouvre grâce à une excroissance calcaire, éphémère, qui se forme à l'extrémité de sa mandibule supérieure et que l'on appelle diamant ou « dent de l'œuf ». Dès l'éclosion, les parents s'occupent de réchauffer les jeunes et ensuite de les nourrir s'ils ne peuvent s'alimenter tout seuls.

M. Morse Nice a donné une excellente classification des jeunes oiseaux en tenant compte de leur degré de développement au moment de l'éclosion (à ce sujet voir aussi Harrison, 1975). Elle a distingué les groupes suivants : 1) Les poussins nidifuges (ou précoces) ont les yeux ouverts, le corps revêtu

Jeune coucou gris nourri par une rousserolle effarvatte ▶

de duvet. Ils quittent le nid le premier ou le second jour. Cette première catégorie est subdivisée, et M. Morse Nice a séparé a) les poussins indépendants de leurs parents (mégapodes) ; b) ceux qui suivent leurs parents mais trouvent eux-mêmes leur nourriture (canards, oies, cygnes, chevaliers, échasses, phalaropes, oedicnèmes) ; c) ceux qui suivent leurs parents qui leur montrent la nourriture (perdrix, faisans, pluviers) ; d) enfin, ceux qui suivent leurs parents et sont nourris par eux (plongeons, grèbes, grues et râles). 2) Les semi-précoces ont les yeux ouverts, du duvet sur tout le corps mais ils restent dans le nid jusqu'à ce qu'ils soient capables de marcher. Les adultes les nourrissent (flamants, mouettes et goélands, sternes, labbes, alcidés, engoulevents). 3) Les faux nidicoles, couverts de duvet mais généralement incapables de quitter le nid. Ils sont nourris par les adultes. Là encore M. Morse Nice distinguait a) ceux qui ont les yeux ouverts (procellariiformes, cigognes, ibis, hérons, faucons et autres rapaces diurnes) ; b) ceux qui ont les yeux fermés à l'éclosion (rapaces nocturnes). 4) Les nidicoles ou oisillons proprement dits ont les yeux fermés, sont nus ou possèdent peu de duvet, ne peuvent pas voler et dépendent entièrement de leurs parents, qui les nourrissent (pélicans, fous, cormorans, perroquets, pigeons, coucous, martinets, martins-pêcheurs, huppe, pics, rolliers, guêpiers et tous les passereaux).

Les poussins nidifuges dont la thermorégulation n'est pas parfaite juste après l'éclosion sont réchauffés par les adultes pendant la nuit ou s'il fait mauvais temps, et ceci pendant plusieurs jours après la sortie de l'œuf. De leur côté, les adultes doivent surveiller leurs rejetons et réagir immédiatement en présence d'un danger pour essayer de les sauver. Les poussins nidifuges apprennent assez rapidement à se nourrir tout seuls. En revanche les oisillons nidicoles, dépourvus de duvet ou presque, souvent aveugles à leur venue au monde, dépendent complètement de leurs parents, et leurs seules activités consistent à ouvrir le bec pour recevoir la becquée, à dormir et à rejeter des excréments. A l'éclosion leur température varie suivant celle de l'air, puis la thermorégulation progresse au cours de leur croissance. Ils restent au nid pendant un laps de temps qui varie selon l'espèce. A son issue ils exercent leur ailes avant de prendre un envol définitif ou seulement provisoire. Dans ce cas ils se dispersent, restent à terre ou se perchent.

Le régime alimentaire des jeunes oiseaux comprend une forte proportion d'éléments animaux, même si les adultes se nourrissent essentiellement de substances d'origine végétale. Le nourrissage des oisillons nidicoles et éventuellement celui de certains poussins nidifuges peut être considéré comme une réaction à différents stimuli. La coloration de la vaste cavité buccale est l'un des plus efficaces, et sa vue incite les adultes à y déposer des aliments. Chez les rapaces diurnes, un adulte (généralement la femelle) déchiquette la proie sur le nid et en distribue des morceaux aux jeunes. Chez d'autres oiseaux l'adulte se borne à déposer les aliments sur le fond du nid où les petits viennent les prendre quand ils sont assez grands. Enfin, chez certains oiseaux l'adulte enfonce son bec dans celui de chaque petit et régurgite le bol alimentaire. Chez d'autres on observe l'inverse, le petit allant chercher la provende dans le gosier de l'adulte.

La fréquence des nourrissages varie fortement selon les espèces, et ils sont évidemment moins nombreux si à chaque voyage les parents apportent une grande quantité d'aliments. Plusieurs grands rapaces apportent en moyenne une seule proie chaque jour. A l'opposé, les mésanges charbonnières viennent jusqu'à soixante fois à leur nid en l'espace d'une heure ! Les parents ne se contentent pas de nourrir leurs petits ; ils s'occupent également de maintenir la propreté du nid en enlevant les excréments, mais cela n'est pas une règle générale. Chez quelques espèces, les jeunes d'une première nichée ou les sujets immatures aident leurs parents à nourrir les petits. Ces aides sont appelés « nourrices » par les ornithologistes, et ils ne se substituent pas aux parents. La durée de l'élevage varie entre treize à vingt jours pour divers passereaux et neuf mois pour des albatros de grande taille. Au moment de l'envol la taille et le poids du jeune oiseau sont à peu près comparables à ceux de l'adulte, et parfois même il pèse plus lourd. Sa livrée diffère souvent de celle du mâle et ressemble à celle de la femelle. C'est seulement après une ou plusieurs mues qu'il abandonnera ce plumage juvénile pour revêtir celui qui caractérise les adultes ; simultanément il atteindra la maturité sexuelle. De nombreux jeunes passereaux demeurent pendant quelques jours aux environs du nid parce qu'ils le quittent avant d'être entièrement indépendants et de savoir voler correctement. Mais, même après avoir pris leur essor, les jeunes ne quittent pas leurs parents pendant un certain temps. Chez quelques espèces, la famille reste unie jusqu'à la saison de reproduction suivante. Chez d'autres, jeunes et vieux partent ensemble en migration, et les premiers peuvent profiter de l'expérience de leurs aînés. Enfin, le plus souvent, les jeunes se séparent de leurs parents et se dispersent. Leurs déplacements sont appelés erratisme juvénile car ils vagabondent parfois très loin de leur lieu d'origine dans toutes les directions.

L'étude du parasitisme de la reproduction offre de nombreux sujets de réflexion. Les oiseaux parasites appartiennent à des groupes très différents puisqu'il existe un anatidé parasite, le canard à tête noire (*Heteronetta atricapilla*), plusieurs dizaines d'espèces de coucous, quelques représentants de la famille des indicateurs, des ictéridés et enfin des plocéidés (les veuves). Tous ces oiseaux pondent leurs œufs dans les nids d'autres espèces appelées hôtes, qui les couvent et élèvent les petits comme les leurs. Le coucou gris (*Cuculus canorus*) est le mieux connu des oiseaux parasites. Après l'accouplement, la femelle cherche les nids d'une espèce de passereau (rousserolle, rouge-gorge, etc.) et y dépose ses œufs (en général dix à seize dans autant de nids). Le jeune coucou éclôt au bout de douze jours et demi, c'est-à-dire avant les petits passereaux. Pendant trois ou quatre jours, un instinct le pousse à rejeter hors du nid tout ce qui se trouve près de lui, et il se débarrasse donc des œufs ou éventuellement des oisillons de son hôte. Resté seul il est nourri par ses parents adoptifs. Les indicateurs (ordre des piciformes) parasitent des pics et des barbus mais aussi des guêpiers, la huppe, des martinets, des étourneaux et quelques autres passereaux. A l'éclosion, les jeunes indicateurs de deux espèces au moins possèdent au bout des deux mandibules un crochet qui disparaît à l'âge d'une quinzaine de jours environ. Ils s'en servent pour tuer leurs frères et sœurs d'adoption et là encore se retrouvent seuls, sans concurrents.

Les ictéridés présentent un des plus curieux exemples de parasitisme, décrit par N.G. Smith (1968). Au Panama, le molothre géant (*Scaphidura oryzivora*) parasite les couvées d'un autre membre de la même famille faisant partie du groupe des cassiques, le cassique de Wagler (*Zarhynchus wagleri*). Les nids de ce dernier sont envahis par des mouches parasites, du genre *Philornis,* qui pondent leurs œufs sur la peau des oisillons. Leur larves creusent des galeries dans le corps des jeunes cassiques, et si un oisillon héberge plus de sept asticots, il risque de mourir. Quand un nid de cassique est parasité par un *Scaphidura,* celui-ci veille à enlever les larves présentes sur les

▼ Molothre brillant (*Molothrus bonariensis*) (famille des ictéridés)

jeunes cassiques et, ce faisant, leur rend un très grand service. Les veuves (plocéidés) parasitent d'autres passereaux, et leurs petits ressemblent de façon frappant à ceux de l'espèce hôte. En outre, les appels et le chant des veuves adultes imitent fidèlement la voix de l'hôte. Cette ressemblance, véritable mimétisme, s'explique par une particularité du comportement des jeunes veuves qui n'éliminent pas leurs petits voisins. Les espèces parasitées font partie de la famille des estrildidés. Les veuves sont extrêmement spécialisées puisque chaque espèce parasite de préférence une seule espèce d'estrildidés. On comprend mieux ainsi l'importance de la ressemblance des jeunes avec ceux des hôtes car s'ils différaient ils seraient immédiatement rejetés.

Les nuances de l'expression

Les oiseaux font largement usage de leur voix et emploient aussi d'autres moyens acoustiques.

Très souvent les cris signalent la position de celui qui les émet (ils servent à maintenir le contact) et indiquent aussi à quelle activité il se livre. Par exemple, il assurent la cohésion des troupes de migrateurs nocturnes. des membres d'une colonie, des familles après l'envol des jeunes, ou maintiennent le contact entre les membres d'un couple. Les cris peuvent être émis en toutes sortes d'occasions, par exemple au cours des parades nuptiales, pendant la recherche d'un site de nidification ou durant la construction du nid. Ils peuvent également servir à réduire l'agressivité quand un partenaire s'approche de celui qui est au nid (ceci est particulièrement évident chez les pics). Enfin, certains éloignent un intrus du territoire occupé par l'oiseau. Dans d'autres circonstances les cris permettent à l'oiseau d'avertir ses congénères de ce qui se passe. C'est le cas des cris d'alarme, émis en présence d'un danger, par exemple quand un oiseau est poursuivi par un prédateur ou se trouve menacé d'une autre façon. D'autres cris sont lancés par les adultes et les jeunes à l'occasion de la recherche des aliments ou quand les petits veulent être nourris. Seuls les passereaux et quelques autres espèces émettent un véritable chant et, parmi les premiers, ce sont surtout les oscines qui méritent le qualificatif de chanteurs. Chez quelques espèces la portée du chant est très grande puisque l'homme peut l'entendre à cinq kilomètres de distance. En général, et sauf exceptions, c'est l'oiseau mâle qui chante à un rythme variable selon l'espèce et la phase du cycle reproducteur puisque l'émission du chant est conditionnée par les hormones sexuelles mâles.

Le subsong ou chant juvénile est en fait un chant rudimentaire encore mal assuré et incomplet. E.A. Armstrong a dit que l'oiseau qui émet le subsong ressemble à un amateur timide en train d'éprouver ses capacités. De fait on constate qu'il est le propre des jeunes oiseaux encore inexpérimentés et incapables de lancer le chant typique de l'espèce. L'apprentissage du chant par les jeunes oiseaux a fait l'objet de recherches approfondies de la part de plusieurs spécialistes tels que W.H. Thorpe, E.A. Armstrong, W.E. Lanyon, W.N. Tavolga et d'autres encore. W.H. Thorpe, en particulier, a fait des travaux devenus classiques sur le pinson des arbres. Dans le chant émis par le jeune oiseau de cette espèce il distingue une partie innée, déterminée par des

▲ Rousserolles turdoïdes (*Acrocephalus arundinaceus*)

facteurs génétiques, et une autre qui est apprise progressivement à l'exemple des oiseaux adultes. La faculté d'apprendre varie fortement selon les espèces. Certaines ont une grande capacité d'imitation et peuvent assimiler les émissions vocales de plusieurs autres espèces. Les perroquets, les perruches et le mainate religieux paraissent les plus doués à cet égard, puisque certains sujets réussissent à imiter la voix humaine. D'autres oiseaux reproduisent fidélement les cris et chants d'espèces très différentes. Ainsi plusieurs membres du genre *Mimus,* et notamment le mime polyglotte (*Mimus polyglottos*) originaire d'Amérique du Nord, sont de véritables artistes puisqu'un individu a été capable de contrefaire la voix de cinquante-cinq espèces d'oiseaux en moins d'une heure. Il y a aussi des imitateurs parmi les hypolaïs et d'autres sylviidés, les turdités, etc.

Le chant est généralement caractéristique de chaque espèce. D'ailleurs certains oiseaux qui se ressemblent énormément du point de vue morphologique ne peuvent être distingués dans la nature que par leur voix.

Au sein d'une espèce, le chant peut présenter des variations dans différentes populations ; autrement dit on a découvert l'existence de véritables

▲ Troglodytes d'Europe (*Troglodytes troglodytes*)

dialectes en diverses parties de l'aire de distribution d'une espèce. Enfin, le chant présente des variations individuelles qui permettent aux membres d'un couple de se reconnaître instantanément. Dans les espèces où le mâle et la femelle sont également doués pour le chant, on peut entendre de véritables

▼ Atrichornis roux (*Atrichornis rubescens*)

duos. Le mâle commence et la femelle termine en lui répondant. Au nombre des duettistes les plus réputés on compte des pies-grièches africaines comme un gonolek (*Laniarius erythrogaster*). Les manifestations acoustiques jouent un rôle essentiel dans l'existence des oiseaux, et l'émission du chant dépend à la fois de facteurs externes et internes. Ainsi les hormones sexuelles influencent le chant printanier des oiseaux vivant dans l'hémisphère Nord, mais la lumière, la température, le vent et d'autres éléments agissent sur la durée du chant, son intensité et le moment où il commence. Le rossignol fait un peu exception en ce qui concerne la lumière puisqu'il chante surtout la nuit, mais on oublie trop souvent qu'il fait aussi des vocalises dans la journée. Un étrange oiseau, le guacharo (*Steatornis caripensis*), répandu dans les régions boisées des montagnes d'Amérique du Sud, niche en colonies au fond de grottes obscures. Pour se déplacer dans les ténèbres de ces cavernes où il passe la plus grande partie de son existence (il en sort à la tombée de la nuit pour manger des fruits), le guacharo utilise un système sonar dont le principe est comparable à celui dont se servent les chauves-souris insectivores. R.D. Griffin et W.H. Phelps jr. ont étudié cet oiseau en 1953. A l'issue de leurs observations et expériences ils ont réussi à démontrer que le guacharo émet des «click» dont les échos lui permettent d'éviter les obstacles. Un

▼ Mésange bleue (*Parus caeruleus*)

Chardonneret (*Carduelis carduelis*) ▶

◀ Fourniers roux (*Furnarius rufus*)

petit martinet, la salangane à bec court (*Collocalia brevirostris*), qui niche dans des grottes de l'île de Ceylan, se sert d'un système analogue.

Certains oiseaux produisent des bruits avec leurs ailes (pigeon ramier), leur bec (cigogne blanche qui fait claquer ses mandibules comme des castagnettes ; pics qui « tambourinent » en frappant le bois très rapidement) ou les plumes de leur queue (bécassine des marais en vol nuptial).

A la recherche d'une vie meilleure

La faculté de se déplacer distingue les animaux des végétaux et leur permet de rechercher des conditions ambiantes plus favorables. On distingue deux sortes de déplacements. Les uns ne sont pas périodiques, et l'individu (ou la population) qui les effectue parcourt une distance plus ou moins grande mais ne revient pas à son point de départ. D'autres, au contraire, se produisent à intervalles réguliers, et dans ce cas individus ou populations vont et viennent entre deux régions et regagnent leur lieu d'origine.

▼ Huppe (*Upupa epops*)

A l'échelle d'une population on a coutume de distinguer trois types de déplacements : l'émigration ou mouvement d'éloignement sans retour, l'immigration qui correspond à une venue, et enfin la migration proprement dite, déplacement alternatif entre deux zones. Les phénomènes de dispersion peuvent aboutir à une extension de l'aire de répartition d'une espèce. Ces différents types de déplacement sont plus ou moins fréquents selon les groupes. Quelques mammifères méritent le qualificatif de migrateurs, par exemple le caribou, plusieurs antilopes et l'éléphant d'Afrique. Jadis, le bison américain l'était aussi. Parmi les espèces aquatiques, des cétacés, comme le mégaptère, effectuent des migrations entre les eaux antarctiques et les mers tropicales. On connaît également des poissons migrateurs qui parcourent souvent de très grandes distances, par exemple les harengs, les morues et les thons. D'autres poissons voyagent entre les eaux douces et la mer et vice-versa (saumons et anguilles). Enfin, il y a quelques insectes migrateurs qui se déplacent chaque année, tel le monarque (*Danaus plexippus*), papillon d'Amérique du Nord, qui va passer l'hiver sur les côtes du golfe du Mexique. Les déplacements massifs des criquets méritent plutôt le nom d'émigrations bien qu'ils se produisent périodiquement.

C'est chez les oiseaux que les migrations constituent un phénomène d'une ampleur considérable puisque de très nombreuses espèces y prennent part chaque année. L'origine des migrations aviennes a fait l'objet de nombreuses discussions, et on a proposé diverses théories pour en rendre compte.

L'évolution des conditions ambiantes et l'extraordinaire capacité d'adaptation dont font preuve les oiseaux sont les causes essentielles des changements de répartition et permettent d'expliquer l'apparition des phénomènes migratoires. Depuis une centaine d'années l'aire de nidification d'un petit passereau de nos jardins, le serin cini (*Serinus serinus*) couvre une grande partie de l'Europe continentale et atteint même les bords de la Baltique alors qu'à l'origine elle était typiquement méditerranéenne. Les populations méridionales sont franchement sédentaires, mais celles qui se reproduisent dans le Nord migrent vers le sud en automne, très probablement en raison des conditions climatiques défavorables qui règnent durant l'hiver dans le Nord de l'aire de distribution. L'origine des déplacements migratoires des oiseaux remonte probablement à l'ère tertiaire. A cette époque l'alternance des saisons provoqua peut-être des mouvements analogues à ceux que nous observons aujourd'hui. C'est durant l'ère quaternaire, et plus précisément pendant les glaciations, que les migrations auraient acquis un caractère définitif, car des périodes de refroidissement alternèrent avec des réchauffements du climat, et ces fluctuations influencèrent la distribution des oiseaux. A l'époque glaciaire ceux qui vivaient dans le nord furent obligés de se réfugier plus au sud et selon toute probabilité ils revinrent dans leur patrie durant les périodes interglaciaires. Les populations de certaines espèces tropicales auraient donc profité de la douceur du climat pour s'avancer en direction du pôle et, à la suite des glaciations, auraient conservé l'habitude de migrer à l'approche de la saison froide. Ces mouvements auraient donc déterminé la répartition actuelle des oiseaux.

Le départ en migration dépend à la fois de facteurs du milieu ambiant et

Pages suivantes : troupe d'oiseaux migrateurs ▶

de facteurs internes. L'ensemble forme un véritable complexe qui incite l'oiseau à quitter la région où il a niché. C'est surtout dans les contrées froides et tempérées de l'hémisphère Nord que les phénomènes migratoires sont le plus marqués. En effet on y observe une alternance régulière des saisons, et les oiseaux effectuent des voyages qui les conduisent dans les pays où ils trouveront ce qui leur est nécessaire pour vivre. Les migrations existent également dans l'hémisphère austral, mais elles n'ont pas autant d'importance. D'ailleurs, si l'on fait abstraction de quelques espèces marines, aucun oiseau originaire de l'hémisphère Sud ne migre dans l'hémisphère Nord. Certains oiseaux des régions tropicales se livrent à des migrations bien que les conditions climatiques soient plus stables. Enfin, dans la zone équatoriale, les espèces migratrices sont rares ou même absentes car le climat ne change pas. Si l'on considère la longueur des déplacements effectués, on peut répartir les oiseaux entre plusieurs catégories. On sait qu'à l'époque de la reproduction les oiseaux défendent un territoire et que la plupart s'en éloignent plus ou moins après. Certains restent presque sur place ou vont au maximum à quelques dizaines de kilomètres, c'est pourquoi on les qualifie de sédentaires.

Entre les oiseaux sédentaires et les oiseaux migrateurs, il y a toute une gamme d'intermédiaires. Par exemple certaines espèces s'égaillent bien au-delà de la zone de nidification, et on parle de dispersion hivernale à propos de leurs mouvements, car ils ne présentent pas les caractères d'une migration. Celle-ci comprend deux parties, l'aller, ou migration post-nuptiale, de la zone de nidification à la zone d'hivernage, et le retour, ou migration prénuptiale (encore appelé passage de printemps), de l'aire de repos à celle de reproduction. Selon l'ampleur et le type des déplacements qu'ils effectuent les oiseaux reçoivent des noms particuliers. Les espèces qui viennent passer la mauvaise saison dans une région sont les visiteurs d'hiver (les hivernants sont tous les oiseaux présents en hiver, même s'il s'agit d'espèces sédentaires) ; ceux qui sont présents en été, mais ne nichent pas, sont les estivants ou visiteurs d'été. Les migrateurs partiels sont des oiseaux dont certaines populations migrent tandis que les autres sont sédentaires (exemple : le corbeau freux en Europe).

Enfin, certains oiseaux effectuent des mouvements irréguliers, véritables invasions dues à la raréfaction des aliments dans leur pays d'origine. Les espèces qui envahissent ainsi d'autres contrées sont le bec-croisé des sapins (*Loxia curvirostra*) et, dans une moindre mesure, le bec-croisé bifascié (*Loxia leucoptera*) ainsi que le bec-croisé perroquet (*Loxia pytyopsittacus*), le casse-noix de Sibérie (*Nucifraga caryocatactes macrorhynchus*) et du Nord-Est de la Russie, le syrrhapte paradoxal (*Syrrhaptes paradoxus*), le jaseur boréal (*Bombycilla garrulus*), le martin roselin (*Pastor roseus*), quelques tétraonidés sibériens et la chouette harfang (*Nyctea scandiaca*). Enfin, les oiseaux accidentels sont ceux qui, ayant dévié de leur itinéraire normal de migration pour une raison quelconque, apparaissent en des lieux où on ne les voit que de façon exceptionnelle car ils se trouvent en dehors de l'aire de distribution de l'espèce (exemple : passereaux américains en Europe).

L'intérêt que l'homme a toujours manifesté à l'égard des oiseaux est encore plus vif en ce qui concerne les mystères de leurs migrations. Les savants ont mis au point différentes méthodes pour les étudier. La plus simple et la plus ancienne est l'observation directe dans la nature. Les observateurs notent la présence des diverses espèces, la direction qu'elles suivent, l'importance de leurs troupes si elles ne migrent pas isolément, leur comportement, etc. Cette méthode est encore largement employée, surtout aux endroits où il y a des concentrations d'oiseaux migrateurs. Une autre méthode a été utilisée par les ornithologistes G.H. Lowery et R.J. Newman (1955). Elle consiste à pointer un télescope en direction de la lune pour évaluer le nombre des oiseaux qui

▼ Tournepierres (*Arenaria interpres*)

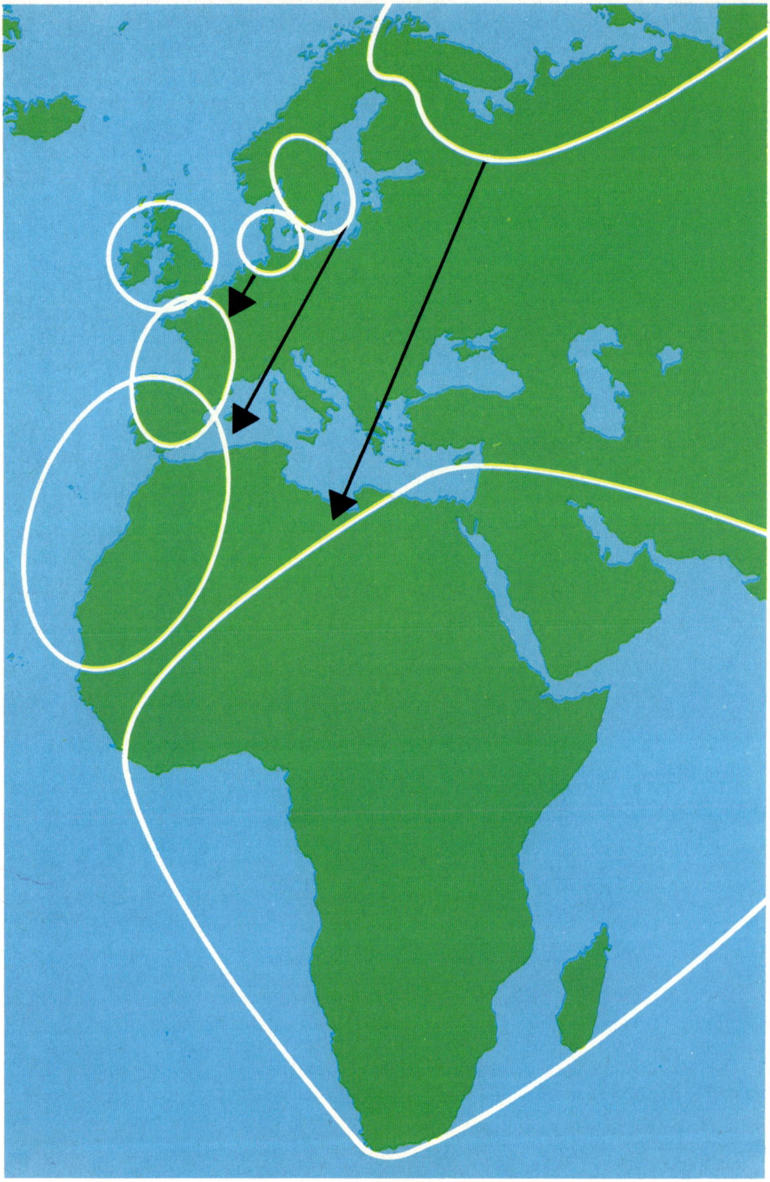

▲ Aires de reproduction et d'hivernage de différentes populations du grand gravelot (*Charadrius hiaticula*)

▲ Aires de reproduction et d'hivernage du merle migrateur (*Turdus migratorius*)

passent à grande altitude devant la planète par les nuits de pleine lune. Il va de soi que ce procédé n'a qu'une valeur extrêmement réduite et qu'il est impossible d'identifier avec précision les oiseaux que l'on voit. L'emploi du radar est plus efficace mais tout aussi limité. C'est le suisse E. Sutter qui utilisa cet appareil pour la première fois pour étudier les déplacements des oiseaux migrateurs, et depuis, d'autres chercheurs ont suivi ses traces, par exemple L.L. Bonham, L.V. Blake, D. Lack, J.G. Tedd et W.P. Harper. Il y a quelques dizaines d'années, les spécialistes du radar observaient sur leurs écrans des échos que personne n'arrivait à interpréter et que l'on nommait «anges». Sutter découvrit qu'ils correspondaient à des troupes d'oiseaux en migration. L'américain D. Griffin et d'autres avant lui ont suivi des oiseaux migrateurs en avion de tourisme, mais là encore cette méthode ne peut pas être généralisée.

En fait, c'est le baguage qui a donné un essor extraordinaire à l'étude des migrations. Les premières tentatives de baguage remontent à plusieurs siècles. En effet, un faucon pélerin (*Falco peregrinus*), appartenant au roi de

France Henri IV et qui portait sa marque, s'échappa à Fontainebleau et fut repris à Malte (à deux mille kilomètres de distance) au bout de vingt-quatre heures.

Dans la première moitié du XIXe siècle, le grand ornithologiste John James Audubon marqua des oiseaux avec un fil d'argent fixé à une patte. En 1899 l'ornithologiste danois H.C.C. Mortensen marqua cent soixante-quatre étourneaux avec des bagues de zinc sur lesquelles il avait gravé l'année et le lieu du baguage. Les spécialistes, qui ont bagué de très nombreux oiseaux depuis cette première tentative sérieuse, considèrent Mortensen comme le véritable fondateur de la méthode si employée de nos jours pour étudier les migrations. En Angleterre deux centres de baguage pour l'étude de ces déplacements furent créés vers 1909. L'un était placé sous la direction d'H.F. Witherby en collaboration avec la revue « British Birds » et l'autre, à l'université d'Aberdeen, dépendait du professeur A. Landsborough Thomson. Les bagues que les ornithologistes emploient actuellement sont des morceaux d'un alliage léger à base d'aluminium. Sur l'une de ses faces la bague porte, gravée, une inscription comportant un numéro d'ordre précédé d'une lettre et le nom ainsi que l'adresse abrégés de l'institut qui est officiellement chargé de délivrer les bagues. La lettre et le numéro sont transcrits sur une feuille et, ultérieurement, sur un registre, de même que le nom scientifique de l'oiseau bagué, le lieu où il a été marqué, la date de l'opération et l'âge de l'animal (oisillon ou poussin, juvénile ou adulte). On précise également le sexe ainsi que d'autres détails, par exemple les dimensions (longueur de l'aile, du bec, du tarse, poids), éventuellement l'avancement de la mue, le degré d'adiposité, etc. La bague est enroulée autour d'un tarse de l'oiseau, et ses deux extrémités sont simplement rapprochées chez les petites espèces. S'il s'agit d'un oiseau de grande taille, elles sont repliées l'une sur l'autre à l'aide d'une pince spéciale. On a essayé d'autres types de bagues et d'autres méthodes de marquage. Ainsi en 1908 L. Gain fixa sur les pattes de quelques manchots papous (*Pygoscelis papua*) des bandes de celluloïd vert. On a marqué quelques espèces comme des canards et des flamants avec des plaques de métal léger fixées sur l'aile. Le même type de marque a été employé pour les manchots, notamment par W.J.L. Sladen. On les fixe à l'extrémité de l'aile, et il est possible de lire l'inscription à distance avec des jumelles. Pour les mêmes oiseaux les Français Cendron, Prévost et Sapin-Jaloustre ont essayé des plaquettes attachées avec une boucle métallique à la base de l'aile (cette méthode est d'un emploi délicat car, si l'on s'y prend mal, on risque de blesser la région axillaire de l'animal). On se sert de bagues spéciales, très hautes ou colorées, pour identifier certains oiseaux à grande distance avec des jumelles. Une des méthodes les plus récentes pour étudier les déplacements des oiseaux est la radio-télémétrie (elle est plus fréquemment utilisée pour les mammifères). Elle consiste à fixer sur le dos de l'oiseau un minuscule appareil émetteur de radio. Après l'avoir relâché, on essaye de suivre ses mouvements avec un récepteur. Des essais de radio-télémétrie ont été conduits sur plusieurs espèces appartenant à des groupes très divers, passériformes, labbes, manchots, pigeons et pygargues à tête blanche (*Haliaeetus leucocephalus*). L'une des plus remarquables expériences illustrant l'intérêt que présente cette méthode a été

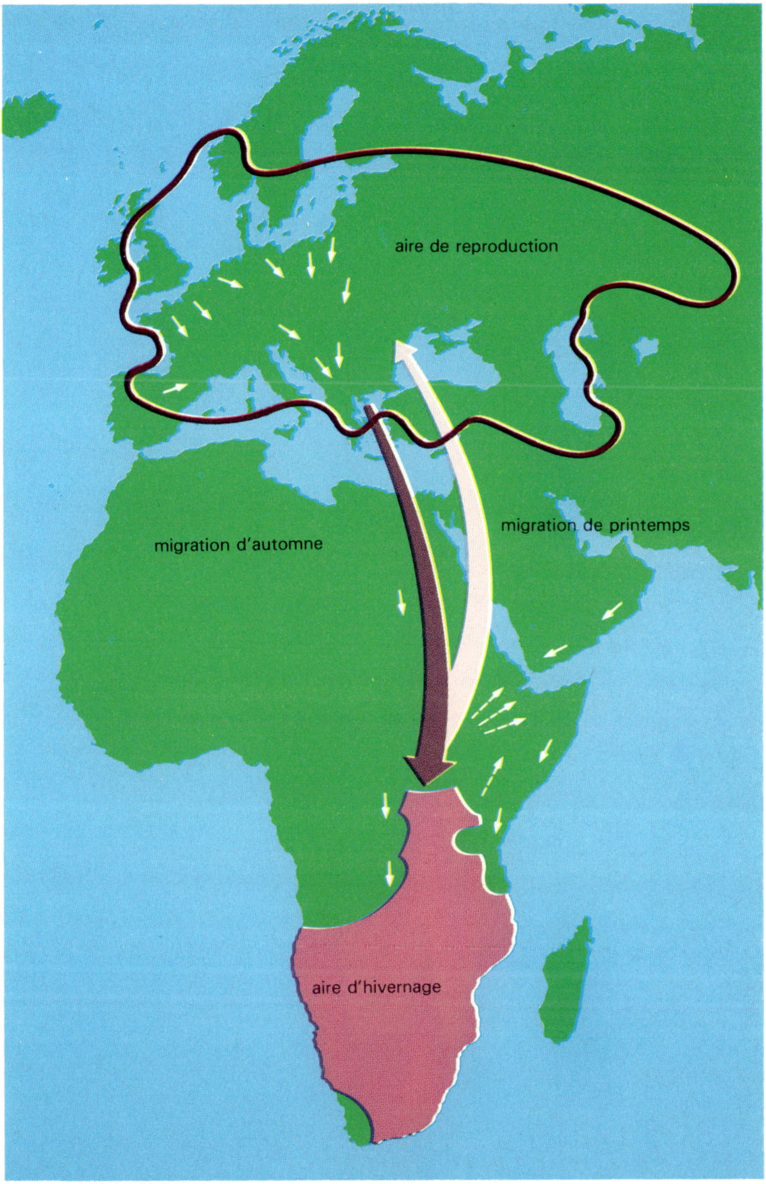

▲ Migrations de la pie-grièche écorcheur (*Lanius collurio*)

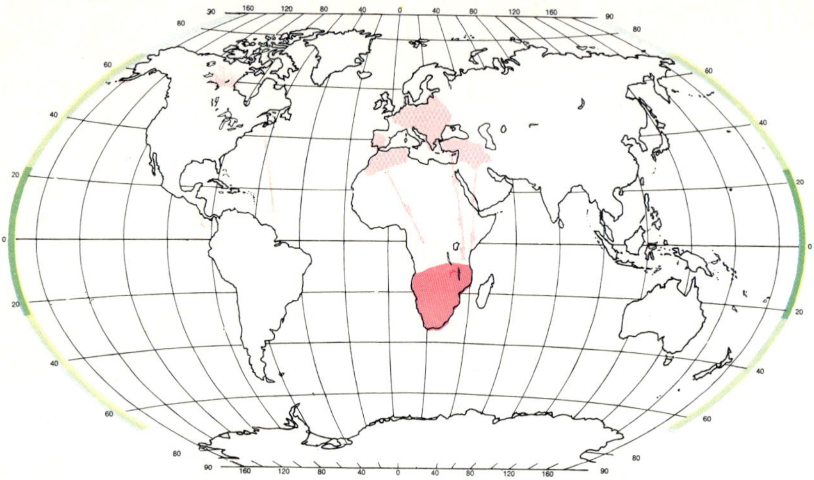

aire de reproduction — aire d'hivernage

▲ Migration de la cigogne blanche

citée par Alfred Schifferli. Dans l'Illinois (Etats-Unis) une grive en migration fut capturée et munie d'un appareil de radio transistorisé qui pesait deux grammes et demi (l'oiseau pesait environ trente grammes). Relâché un 25 mai à vingt heures, l'oiseau fut suivi toute la nuit avec un récepteur monté sur un avion de tourisme. En huit heures de vol cette grive passa aux environs de Chicago (à 225 kilomètres du point de départ), longea le lac Michigan et gagna l'île Washington situé à 400 kilomètres de la ville, malgré le brouillard et les nuages. Elle avait donc parcouru 625 kilomètres en une nuit.

On bague les très jeunes oiseaux au nid et les autres en les capturant avec des filets ou des pièges. La baguage au nid nécessite de très grandes précautions, car il faut attendre que les jeunes oiseaux soient assez grands (la bague, fixée autour du tarse est, en principe, faite pour un sujet adulte). En outre on doit éviter d'effrayer les oiseaux, donc on ne peut pas baguer juste avant leur départ.

Les oiseaux adultes et les jeunes qui savent voler sont capturés avec des filets mais, là encore, on s'efforce au maximum d'éviter le stress et les blessures car un oiseau handicapé serait voué à la mort et ne pourrait continuer son voyage. Le baguer serait donc parfaitement inutile. Les filets sont tendus entre des perches, mais dans le sens vertical on laisse des poches dans lesquelles les oiseaux resteront emprisonnés. Les oiseaux aquatiques, et notamment les canards, sont capturés dans des pièges appelés canardières ou «duck-decoy». Il s'agit d'une sorte de chenal limité par des filets, situé au bord d'un grand plan d'eau et qui aboutit à une nasse. Les oiseaux qui se posent à l'entrée de la canardière sont incités à pénétrer plus avant car ils voient et entendent des sujets domestiques (les appelants) ou même des leurres artificiels. Parvenus dans la nasse ils sont capturés et bagués puis relâchés. L'ornithologiste anglais P. Scott, directeur et fondateur du Wildfowl Trust à Slimbridge (Gloucestershire), a capturé des oies au moyen de filets placés au bord des prairies qu'elles fréquentent en hiver. Ces filets étaient lancés par des fusées commandées électriquement et pouvaient prendre d'un seul coup plusieurs dizaines d'oiseaux. Le même procédé a été employé ailleurs pour d'autres espèces grégaires comme les limicoles. Pour capturer les passereaux et d'autres oiseaux également, le personnel des grandes stations ornithologiques utilise un piège appelé trappe d'Héligoland. C'est un gigantesque entonnoir confectionné avec des filets ou du grillage et dont l'extrémité, plus étroite, fait un angle avant d'aboutir dans une cage où les oiseaux sont pris pour être marqués. Ce piège est placé en un endroit où les oiseaux migrateurs passent régulièrement en grand nombre, et il est ouvert en permanence sauf la nuit.

D'autres procédés sont encore en usage pour capturer les oiseaux aux fins de baguage. De toute façon il est essentiel de surveiller les pièges pour enlever le plus rapidement possible les oiseaux qui se sont fait prendre. Les reprises d'oiseaux bagués peuvent fournir des renseignements extrêmement intéressants et très variés sur l'itinéraire emprunté, la durée du voyage, l'âge de l'oiseau, sa fidélité aux lieux d'origine ou au lieu d'hivernage, etc. Mais il faut baguer beaucoup d'oiseaux pour obtenir un petit nombre d'informations. Selon les espèces, le pourcentage d'oiseaux repris varie entre 0,2 pour 100 (pouillots) et 19 pour 100 (canards) du nombre de sujets marqués. La baguage est une activité scientifique contrôlée par des instituts de recherche. Il ne peut être effectué que par des personnes compétentes, ayant de sérieuses connaissances ornithologiques (il faut en effet savoir identifier correctement les oiseaux et les manipuler avec douceur). Actuellement on bague des oiseaux dans la plupart des pays. En Italie on se sert encore de filets afin de capturer de petits passereaux et d'autres oiseaux pour les manger ou pour les vendre aux amateurs d'oiseaux de cage. Dans certaines régions de France et de Belgique, les mêmes pratiques subsistent avec ou sans l'accord des autorités. Le plus souvent il s'agit d'actes de braconnage. La pression des organisations internationales de conservation de la nature et des sociétés de protection des oiseaux a obligé les gouvernements à limiter ces destructions scandaleuses qui malheureusement n'ont pas cessé complètement.

La première station de baguage fut fondée par l'ornithologiste allemand J. Thienemann en 1901 sur la côte de la mer Baltique (dans l'ancienne Prusse orientale) et reçut le nom de *Vogelwarte Rossitten.* Après la seconde guerre mondiale elle fut transférée sur les rives du lac de Constance, dans le château de Môggingen à Radolfzell et fut appelée (*Vogelwarte Radolfzell der Max Planck Institut für Verhaltensphysiologie.* Une autre station allemande très importante fut fondée sur l'île d'Héligoland (mer du Nord) par Heinrich Gätke. Réorganisée en 1910 elle fut placée sous la direction de Hugo Weigold.

En Grande-Bretagne, où l'intérêt pour les oiseaux a toujours été très vif, les premiers centres de baguage furent fondés en 1909. Actuellement ce pays

▲ Patte de canard colvert bagué

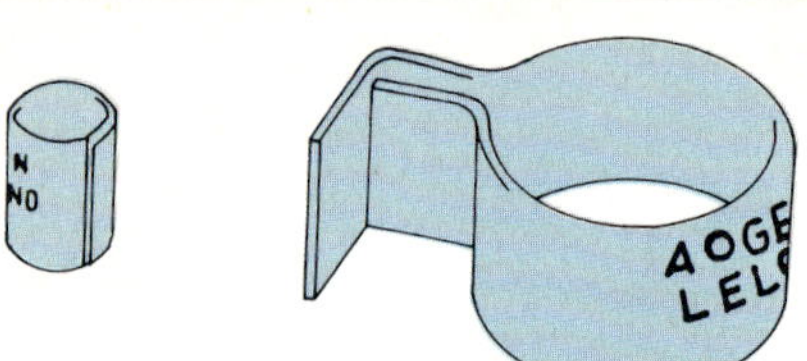

◀ Différents types de bagues

dispose de quatorze stations ornithologiques et de nombreux centres de baguage travaillant sous l'égide du *British Trust for Ornithology,* une des principales organisations scientifiques s'occupant d'ornithologie. On peut dire qu'il existe des centres de baguage dans presque tous les pays du monde. Nous citerons en France le C.R.B.P.O. (Centre de recherches sur la biologie des populations d'oiseaux) et la célèbre station biologique de la Tour du Valat (Camargue), en Suisse la station ornithologique de Sempach, le bureau de baguage de l'Académie des sciences en URSS, aux Etats-Unis le *United States Wildlife Service* et le *Central Bird Banding Office,* enfin en Belgique l'Institut Royal des sciences naturelles de Belgique à Bruxelles. De 1899 à 1963 on a bagué dans le monde 30226746 oiseaux dont 17665426 en Europe. Chaque année on bague des centaines de milliers d'autres oiseaux. La masse de renseignements accumulés de la sorte est considérable et son exploitation suppose la collaboration des différents centres de baguage qui ont commencé à utiliser des ordinateurs. La coopération internationale et l'emploi de méthodes standardisées ont fait de grands progrès. Il existe en Europe un organisme appelé *European Committee for Bird Ringing* (*EURING*).

Comment s'effectuent les migrations

Les itinéraires suivis par les oiseaux migrateurs au cours de leurs voyages sont extrêmement variés, même si la direction générale et le lieu de destination sont les mêmes. Quand on étudie en détail ces déplacements, on s'aperçoit que les zones au-dessus desquelles passent les oiseaux sont très vastes et qu'il est difficile, sauf exceptions, de parler de «routes» de migration. L'ornithologiste allemand H. Geyr von Schweppenburg a signalé l'existence de migrations directes au cours desquelles les oiseaux suivent des voies relativement étroites sur de longues distances. C'est le cas de la cigogne blanche, qui ne s'écarte pas d'itinéraires précis au cours de ses voyages aller et retour entre l'Europe et l'Afrique tropicale (elle passe par le détroit de Gibraltar ou le Bosphore), mais aussi de la grue cendrée et de plusieurs espèces de rapaces diurnes. Le plus souvent, les migrateurs empruntent plusieurs voies et passent au-dessus de vastes étendues, mais se concentrent quand le relief les incite à prendre un passage étroit, par exemple une vallée.

Les conditions météorologiques exercent une grande influence à cet égard. Au-dessus des plaines les oiseaux se dispersent sur un large «front», mais ailleurs il arrive qu'ils suivent les défilés, les cols, les cours d'eau, les vallées des fleuves, le bord des lacs, les côtes, pour atteindre les lieux de repos où ils trouveront à la fois un gîte d'étape, la tranquillité et une nourriture suffisante. Il arrive que les oiseaux changent de «route» pour profiter d'une vallée comme l'a signalé G. Svardson en Suède à propos du pinson des arbres et du pinson du Nord. Le phénomène de concentration le long des côtes et des langues de terre s'explique par la tendance des migrateurs (et surtout des passereaux) à éviter la traversée de grandes étendues marines. Les oiseaux typiquement marins migrent de façon très variée. Ainsi, le goéland brun (*Larus fuscus*) part de la mer Baltique et n'hésite pas à traverser l'Europe continentale pour aller passer l'hiver en Méditerranée et plus loin encore en Afrique orientale. Dans ce dernier cas il franchit sans difficulté le Sahara

(Dorst, 1970).

Signalons aussi que les oiseaux ne font pas toujours ce qui paraît logique à l'esprit humain. Au lieu de suivre les vallées, certains migrateurs passent à très grande altitude : on a déjà vu des oies survoler l'Himalaya à 9 000 mètres ! De nombreuses espèces traversent le Sahara alors qu'elles pourraient suivre la vallée du Nil beaucoup plus accueillante. Dans la migration dite « en boucle » l'itinéraire emprunté à l'aller n'est pas le même que celui du retour (exemple : pie-grièche écorcheur). Certains oiseaux accomplissent des performances étonnantes. Après avoir niché en Alaska, le pluvier doré américain (*Pluvialis dominica*) se rend dans l'archipel des Hawaii et parcourt sans s'arrêter environ trois mille trois cents kilomètres au-dessus de la mer. La sterne arctique (*Sterna paradisaea*), qui se reproduit le long des côtes du Canada, d'Europe et d'Asie septentrionale, passe l'hiver dans le Sud de l'Atlantique, du Pacifique et de l'océan Indien. D.R. Griffin (1965) a écrit à son sujet : « En 1928 un oiseau attira l'attention car on signala sa présence sur la côte du Natal, dans l'Est de l'Afrique du Sud, où il était arrivé après avoir doublé le cap de Bonne Espérance. Quand cette sterne fut reprise, il y avait cent seize jours seulement qu'elle avait été baguée dans le Labrador le 23 juillet, alors qu'elle était un poussin couvert de duvet. Quelques années plus tard une autre sterne arctique, baguée dans le Nord du Groenland occidental un 8 juillet fut reprise près de Durban au Natal le 30 octobre de la même année. En quelques semaines ces oiseaux avaient parcouru respectivement 13 680 et 15 300 kilomètres au minimum. Si l'on tient compte du temps nécessaire pour que les jeunes sternes acquièrent leur plumage définitif et achèvent leur croissance, il est évident qu'elles avaient dû quitter leur pays d'origine environ un mois après le jour du marquage. En tenant compte de cet élément, on obtient une distance moyenne de cent soixante kilomètres parcourus chaque jour durant la première migration automnale ».

Chez les espèces migratrices la mue doit se dérouler de telle façon qu'elle n'empêche pas le voyage. Il faut en effet que les oiseaux disposent de toutes leurs facultés voilières pour effectuer leurs extraordinaires déplacements. La majorité des migrateurs muent avant de partir de sorte qu'ils peuvent voler sans difficulté. La mue des plumes tectrices peut se produire pendant le voyage puisque ce sont les rémiges et les rectrices qui jouent le rôle essentiel pour le vol. Certaines espèces qui ont une mue complète et simultanée des rémiges font des déplacements spéciaux qui les conduisent dans des lieux tranquilles où elles renouvellent ces plumes. Ces déplacements, à propos desquels l'ornithologiste danois F. Salomonsen a écrit un article détaillé (1968), sont appelés migrations de mue. Dès la mi-juillet des troupes d'anatidés (canard colvert, canard chipeau, canard souchet, canard pilet et canard siffleur) qui nichent en Europe septentrionale se réunissent dans le delta de la Volga. Après y avoir achevé leur mue, ils repartent dès la première quinzaine d'août en direction de leurs quartiers d'hiver. Ces concentrations ont été décrites pour la première fois par Wuczeticz et Tugarinov (1937-1939). R.A.H. Coombes (1950) et F. Goethe (1957) ont relaté comment se passe la migration de mue du tadorne de Belon (*Tadorna tadorna*), gros canard au plumage bariolé, en direction de l'embouchure de l'Elbe, le long des côtes

Groupe d'oies ▶
des moissons
(*Anser fabalis*)

▲ Couple de mésanges à moustaches (*Panurus biarmicus*)

▲ Barges à queue noire (*Limosa limosa*)

danoises, françaises, britanniques et hollandaises. Ce déplacement se produit également en juillet. Certains limicoles (petits échassiers) peuvent effectuer eux aussi une migration de mue. On dispose actuellement de renseignements précis sur celle du chevalier sylvain (*Tringa glareola*) dont la migration prend fin entre autres lieux en Camargue où elle a été étudiée par L. Hoffmann, directeur de la station biologique de la Tour du Valat. Cette espèce niche dans le Nord de l'Europe et se montre entre la fin de juillet et le début de septembre dans la région méditerranéenne. Parvenus en Camargue, les chevaliers sylvains muent leurs rémiges pour pouvoir continuer leur voyage vers l'Afrique.

Les oiseaux battent parfois des records de vitesse et d'altitude au cours de leurs migrations. L'ornithologiste anglais R. Meinertzhagen (1955) a dressé un tableau des altitudes maximales observées. Par exemple, en France, on a vu des grues cendrées en migration à 5000 mètres, des bécasseaux à 3000 mètres et de petits passereaux (probablement des linottes mélodieuses, *Carduelis cannabina*) à 3300 mètres. En Allemagne on a observé des corbeaux freux à 2500 mètres, et en Irak des martinets à 2000 mètres. Des courlis et des barges volent parfois à 6000 mètres et des oies à 9000 mètres (observation faite à Dehra Dun en Inde) !

La vitesse du vol peut s'accroître dans des proportions considérables au cours des migrations, comme l'ont montré des comparaisons faites entre le

▲ Canard pilet (*Anas acuta*)

vol normal et le vol migratoire de plusieurs espèces. L'hirondelle de cheminée, qui, sur les lieux de nidification, ne dépasse guère 46 à 51 km/h peut atteindre 54 à 60 km/h en migration. Au Béloutchistan on a chronométré des étourneaux à 69-78 km/h, en Irak des oies à 70-80 km/h, en Angleterre des pluviers guignards à 72-80 km/h, en Irlande des courlis corlieux à 64-72 km/h, en France des petits pingouins à 78-86 km-h, au Kenya des bergeronnettes printanières à 46-48 km/h, aux Etats-Unis des merles migrateurs à 27-51 km/h, etc. Erwin Stresemann (1944) a estimé que la pie-grièche écorcheur peut franchir mille kilomètres en cinq jours et a supposé que son emploi du temps était le suivant : deux nuits de voyage, trois nuits de repos et cinq jours pour la prise de nourriture, la distance parcourue en une nuit étant de cinq cents kilomètres. Les conditions climatiques ont une grande influence sur le déroulement de la migration. L'ornithologiste anglais K. Williamson a longuement étudié ces phénomènes. On sait maintenant que la situation météorologique exerce une action sur la direction suivie au niveau local, les haltes, etc.

Chez de nombreuses espèces, les modalités et les itinéraires empruntés peuvent varier notablement selon les populations ; de même, il peut y avoir des différences individuelles selon le sexe et l'âge. Par exemple, en Amérique du Nord les reprises de bagues ont montré que chez les « couples » de canard colvert les mâles gagnent des quartiers d'hiver différents de ceux des femelles. Les jeunes et les adultes se séparent très souvent au moment du départ. mais chez plusieurs espèces le lien familial subsiste pendant toute la durée du voyage et même au-delà comme chez la grue cendrée et l'oie cendrée. Certains oiseaux voyagent de nuit alors que d'autres migrent seulement dans la journée. Parmi les premiers on compte différents oiseaux aquatiques (canards, limicoles), les coucous, des passereaux (turdidés, sylviidés, muscicapidés) et au nombre des seconds, les rapaces diurnes, les pélicans, les cigognes, les pigeons et les tourterelles, les martinets, les hirondelles, quelques turdidés, des fringillidés et les corbeaux.

Qu'est-ce qui fait migrer les oiseaux ?

L'impulsion migratoire dépend en grande partie de l'activité physiologique de l'oiseau. Les migrations sont déterminées à la fois par des facteurs du milieu ambiant (situation météorologique générale, coup de froid, changements dans les ressources alimentaires disponibles, etc.) et par des facteurs internes. Au cours d'une année, l'existence de l'oiseau migrateur est jalonnée par quelques événements qui sont successivement le retour sur les lieux de nidification, la reproduction, la mue et le voyage en direction des quartiers d'hiver, et enfin... le repos. Au moment du départ, l'oiseau se trouve dans un état particulier que les spécialistes allemands ont appelé *Zugdisposition,* c'est-à-dire disposition à migrer. Chez de nombreux petits passereaux cet état se traduit par une tendance au groupement (grégarisme), une agitation nocturne et l'accumulation de réserves de graisse. Au cours du cycle annuel, les glandes à sécrétion interne et plus particulièrement l'hypophyse sécrètent des hormones selon un certain rythme. Les dépenses énergétiques que suppose un grand voyage entraînent inévitablement des adaptations physiologiques. L'une des plus évidentes est justement la formation de stocks de lipides qui n'existent pas le reste de l'année et que l'oiseau utilisera pour franchir des obstacles importants (désert, bras de mer, Méditerranée, golfe du Mexique par exemple) qui l'obligent à voler plusieurs dizaines d'heures sans arrêt. La quantité de graisse mise en réserve (jusqu'à 30 ou 40 pour 100 du poids total) varie d'ailleurs en fonction de la longueur du voyage et de la saison à laquelle il est effectué. Cette graisse sera utilisée comme « carburant » par le moteur de l'oiseau, c'est-à-dire ses muscles alaires et son cœur. Elle fournit une plus grande quantité de calories que des hydrates de carbone.

L'ornithologiste américain William Rowan a commencé ses expériences sur la physiologie des oiseaux migrateurs en 1934 et les a poursuivies pendant de longues années. Il a montré que l'impulsion migratoire est influencée par l'augmentation de la durée du jour (photopériode) et l'accroissement de volume des glandes sexuelles. On a également étudié les rapports entre le cycle annuel d'activité de la thyroïde et la tendance à migrer, ainsi que l'action générale de l'hypophyse sur le déterminisme des migrations. Dans le premier cas les résultats des expériences ne sont pas suffisamment probants pour que l'on puisse tirer des conclusions définitives. Récemment, Gwinner (1968) a prouvé que l'organisme de certains oiseaux (en l'occurence le pouillot fitis et le pouillot siffleur, petits passereaux forestiers migrateurs) est réglé par un rythme interne annuel qui est inné : malgré des conditions d'éclairage et de température constantes, les oiseaux servant aux expériences développèrent une agitation nocturne et une disposition à migrer à l'époque normale des déplacements.

Comment s'orientent les oiseaux migrateurs

La question de l'orientation des migrateurs est du plus haut intérêt. Comment les oiseaux font-ils pour connaître la direction à suivre au cours d'un voyage souvent très long ? Comment procèdent-ils pour maintenir leur cap pendant plusieurs semaines ? Le baguage a prouvé que d'une année à l'autre ils fréquentent les mêmes aires d'hivernage et les mêmes zones de reproduction, et certains font preuve d'une remarquable fidélité à l'endroit précis où ils ont niché. De très nombreuses études ont été consacrées à leurs facultés d'orientation, et les grands spécialistes en ont été G. Kramer, F. Sauer, G.V.T. Matthews, et R.D. Griffin. Les expériences de Kramer (1950) sur les étourneaux sansonnets ont montré que ces oiseaux utilisent la position du soleil pour s'orienter et garder le même cap. Selon d'autres travaux dus à F. Sauer (1957) certaines fauvettes qui migrent la nuit pourraient se servir de la lune et des constellations pour se repérer dans l'obscurité. Alfred Schifferli (*in* Frugis et coll., 1971-1972) a écrit : « Il apparaît que les oiseaux emploient d'autres moyens que le soleil et les étoiles pour s'orienter. Le sens du vent dans une région donnée, les chaînes de montagne et les systèmes fluviaux peuvent les aider à trouver et à maintenir une direction constante même quand le ciel est couvert. A tout cela il faut ajouter l'expérience des sujets les plus âgés, dont profitent les jeunes qui les accompagnent. Enfin, on accorde à nouveau de l'attention à la théorie, naguère rejetée, selon laquelle le champ magnétique terrestre jouerait un grand rôle pour l'orientation ».

Pour étudier en détail les facultés d'orientation, on a procédé à de nombreuses expériences de « homing » c'est-à-dire de déroutement d'oiseaux nicheurs. Après avoir enlevé des oiseaux qui nourrissaient leurs petits, on les a transportés à des distances variées et on les a libérés pour voir s'ils étaient capables de rejoindre leur nid. Ces essais ont montré que des espèces purement marines comme le puffin des Anglais, lâchées au-dessus des terres, parvenaient à rejoindre leur nid situé sur des îles, et ceci à des distances variant entre 200 et 425 kilomètres. On n'a pas encore réussi à expliquer comment ils procédaient pour repérer l'emplacement de leur colonie.

L'écologie

Les oiseaux hantent les paysages les plus variés

Grâce à leur faculté de voler les oiseaux ont colonisé les paysages les plus variés que l'on puisse imaginer et ils réussissent à y vivre grâce à de nombreuses adaptations morphologiques et physiologiques. C'est ainsi qu'on les trouve aussi bien sur les glaces des régions polaires que dans les déserts brûlants. Leur présence dans tel ou tel habitat dépend de nombreux facteurs étudiés par les écologistes.

L'écologie est la science qui s'occupe des rapports entre les êtres vivants et le milieu où ils vivent. Elle s'intéresse donc aux interactions entre les organismes et entre ceux-ci et le cadre physique dans lequel ils évoluent. Science de synthèse, regroupant d'autres disciplines, l'écologie paraît avoir de plus en plus d'importance pour l'avenir de l'humanité. En effet, l'homme fait lui aussi partie du monde vivant, mais il a détruit de façon inconsidérée les richesses que lui offrait la nature. Il l'a saccagée et, par son inconscience, a provoqué de graves déséquilibres qui, dans certains cas, sont irrémédiables. Ces bouleversements ont été analysés avec précision par les écologistes, qui se sont efforcés de donner des conseils sur la façon de traiter la nature pour

que la survie de l'homme ne soit pas compromise. L'écologie nous rappelle en effet que ce dernier est un élément de la nature et qu'il n'en est pas le maître. Tous les êtres présents sur la Terre sont adaptés au milieu dans lequel ils vivent. Ce milieu comprend tous les organismes (végétaux et animaux) qui les entourent et le cadre physique (l'air, l'eau, le sol) avec lequel ils ont des rapports variés mais obligatoires. L'interdépendance parfaite de tous les éléments qui composent des ensembles appelés écosystèmes est le résultat de milliers d'années d'évolution et prouve que ces entités ne sont pas le fruit du hasard. L'observation de ces rapports révèle leur importance pour tous les organismes. Le naturaliste suédois Curry-Lindahl (1972) écrit à ce sujet : « Tous ceux qui, partout dans le monde, se battent pour la défense de la nature, jouent aujourd'hui un rôle plus important que jamais parce qu'ils sont les seuls à comprendre la signification globale du cadre de vie, et c'est à eux, par conséquent, que revient la mission de donner les directives pour la gestion de notre planète. »

L'écologiste américain Odum (1971), de son côté, distingue plusieurs niveaux d'organisation de la vie, les quatre derniers étant ceux qui ont le plus grand intérêt du point de vue écologique : cytoplasme, cellules, tissus, organes, organismes, populations, communautés, écosystèmes et biosphère. Nous avons vu précédemment ce qu'était une population. Une communauté est un ensemble formé par des populations de diverses espèces qui vivent sur la même surface et constituent une unité organisée. Un écosystème est l'ensemble formé par une biocénose (communauté d'êtres vivants) et son biotope, c'est-à-dire le cadre physique où elle se trouve et qui a des caractéristiques bien définies. Certains écologistes ont résumé cette définition de la façon suivante : écosystème = biocénose + biotope. Enfin, le terme de biosphère désigne la partie du globe terrestre et de ses environs immédiats qui est habitable par les êtres vivants c'est-à-dire où ils trouvent toutes les conditions nécessaires à leur existence. Autrement dit, la biosphère comprend la surface du sol, une partie du sous-sol, et, à l'opposé, une fraction de l'atmosphère.

La vie sur Terre dépend essentiellement du rayonnement solaire. En effet c'est grâce à l'énergie diffusée par le soleil que les plantes peuvent pousser. La synthèse chlorophyllienne permet aux végétaux d'élaborer des substances organiques renfermant une grande quantité d'énergie. Les plantes la réalisent au moyen d'éléments inorganiques (eau, sels minéraux et gaz carbonique) puisés dans le sol et dans l'atmosphère. Les animaux herbivores se nourrissent de plantes qui leur fournissent l'énergie nécessaire au fonctionnement de leur organisme. Le flux d'énergie qui traverse tous les écosystèmes et maintient en vie leurs constituants parcourt de nombreux réseaux alimentaires. Dans un réseau ou une chaîne alimentaire on distingue plusieurs niveaux successifs, les éléments abiotiques, composants majeurs sans lesquels la vie serait impossible ; les producteurs qui sont les plantes vertes, seuls organismes capables de fabriquer leur nourriture à partir de substances non vivantes ; les consommateurs, c'est-à-dire tous les animaux (végétariens et carnivores) ; les décomposeurs ou bio-réducteurs, micro-organismes pour la plupart, qui transforment les cadavres des organismes et permettent le recyclage des éléments qui les composent.

▼ Flamants

Les chaînes alimentaires sont souvent complexes

Voici à titre d'exemple une chaîne alimentaire linéaire simplifiée (une chaîne alimentaire est l'ensemble formé par les organismes qui dépendent les uns des autres du point de vue alimentaire) : un lièvre qui mangeait les herbes poussant dans un bois est capturé par un aigle de Bonelli. Si le rapace meurt, ses restes, comme ceux du lièvre, seront transformés en éléments minéraux et organiques par des bactéries, des champignons et d'autres micro-organismes. Les matières premières issues de ces transformations seront utilisées par des plantes qui grandiront, se multiplieront et serviront de nourriture à d'autres lièvres. A nouveau, ceux-ci seront mangés par des aigles de Bonelli et ainsi de suite. Il ne faut jamais oublier que, dans la nature, on ne trouve pas de chaînes alimentaires aussi simples que celle dont nous venons de parler. En effet, les chaînes alimentaires sont presque toujours extrêmement complexes et comportent de nombreux éléments qui interviennent aux différents niveaux trophiques. On peut conclure en disant que tous les êtres vivants occupent une place particulière et jouent un rôle indispensable, si minime soit-il.

Dans son célèbre ouvrage *Fundamentals of ecology* (1971), Odum précise que l'habitat d'un organisme est l'endroit où il vit, c'est-à-dire où on peut le trouver. La notion de niche écologique a un sens plus précis et plus restreint, puisqu'il s'agit de l'espace physique occupé par un organisme et du rôle que ce dernier joue dans la communauté dont il fait partie. L'organisme a des exigences en ce qui concerne la température ambiante, l'humidité, le pH du sol et les autres facteurs indispensables à la vie. Il s'agit là encore d'éléments qui caractérisent sa niche écologique. Pour plus de commodité les différents aspects de cette dernière peuvent être appelés niche spatiale ou habitat, niche trophique et niche pluridimensionnelle. En résumé, ce que l'on appelle niche écologique correspond non seulement à l'endroit où vit un organisme mais aussi au rôle qu'il joue par sa façon de transformer l'énergie, par son comportement, par son influence sur le milieu (il convient d'ajouter aussi celle que le milieu exerce sur lui). On peut donc dire que l'habitat est l'adresse

d'un organisme tandis que sa niche écologique est sa « profession biologique ».

Le concept de niche écologique est extrêmement complexe, comme on peut s'en rendre compte en lisant les explications d'Odum, et il a conduit à la formation du principe d'exclusion ou principe de Gause parce qu'il a été découvert par le savant russe du même nom qui travaillait sur des protozoaires. Selon cette règle, deux espèces ne peuvent occuper la même niche écologique. De même, quand il n'y a pas de différences entre les niches écologiques de deux espèces, celles-ci entrent en concurrence. Le naturaliste Robert Mac Arthur a comparé les niches écologiques de quatre espèces de parulidés (petits passereaux américains) qui nichaient toutes dans le même habitat. Dans cette forêt d'épicéas il a constaté que leurs nids se trouvaient à des hauteurs différentes sur les arbres.

Sur les côtes anglaises, D. Lack a étudié deux espèces de cormorans, le grand cormoran (*Phalacrocorax carbo*) et le cormoran huppé (*Phalacrocorax aristotelis*). Ces oiseaux pêchent dans les mêmes eaux et nichent sur les mêmes falaises. Cependant, leur régime alimentaire n'est pas le même car *P. carbo* pêche ses proies surtout dans les eaux profondes tandis que *P. aristotelis* prend les siennes principalement dans les eaux superficielles des estuaires. En outre, ils n'occupent pas les mêmes emplacements pour se reproduire, le grand cormoran nichant sur des corniches assez larges ou tout en haut des falaises, alors que son cousin préfère les rebords étroits ou les espaces situés entre des blocs de rocher. L. van Valen a signalé que chez les oiseaux la longueur et la largeur du bec (qui sont en rapport direct avec le mode d'alimentation) constituent un indice de l'ampleur de leur niche écologique. Dans les exemples que nous venons de citer, la ressemblance des niches occupées n'est pas complète, et il y a toujours un ou plusieurs éléments différents qui permettent la coexistence. Parfois même les deux sexes d'une même espèce peuvent avoir des niches écologiques distinctes. A cet égard l'exemple de l'huia (déjà cité à propos du dimorphisme sexuel) est frappant. J.D. Ligon a étudié les différences entre mâles et femelles dans le comportement de recherche de la nourriture chez deux espèces de pics du genre *Dendrocopos* où les deux sexes ont un bec de taille différente. Charles Vaurie a signalé que deux espèces de sittelles, la sittelle des rochers (*Sitta tephronota*) et la sitelle des rochers de Neumayer (*S. neumayer*), ont un bec de taille à peu près équivalente quand leurs populations vivent en allopatrie (c'est-à-dire sont nettement séparées du point de vue géographique) alors que dans les régions où les deux espèces sont en contact (sympatrie), on observe au contraire des différences importantes de ce caractère morphologique (ce processus évolutif a été appelé déplacement des caractères).

Pour qu'un organisme puisse vivre et se reproduire dans un milieu donné il faut que certaines conditions soient remplies. Tout être vivant entretient des relations précises avec le milieu ambiant. Ces rapports concernent divers paramètres (température, humidité, exigences alimentaires, etc.) vis-à-vis desquels il manifeste une plus ou moins grande tolérance. Certaines espèces sont capables de supporter d'importantes variations du milieu alors que d'autres sont extrêmement exigeantes et ont besoin de conditions précises ; si celles-ci ne sont pas remplies, leur existence peut se trouver gravement com-

◀ Pages précédentes : héronnière à Madagascar

promise. Les écologistes appellent euryèces les espèces qui s'adaptent facilement à toutes les variations du milieu, sténoèces celles qui sont très difficiles en ce qui concerne l'alimentation et enfin ubiquistes les espèces très éclectiques, dépourvues d'exigences bien définies. Les préfixes sténo- et eury- sont employés en écologie pour rendre compte de la valence écologique d'une espèce par rapport à divers facteurs du milieu (température, pH de l'eau, etc.). Une espèce se trouve dans des conditions optimales quand

▼ Colonie mixte d'aigrettes garzettes (à gauche) et de hérons garde-bœufs

toutes ses exigences sont remplies. Ainsi, les oiseaux se reproduisent dans le milieu qui leur offre ce qui leur est nécessaire. La valence écologique est donc la faculté qu'a une espèce d'habiter des milieux différents où les facteurs écologiques capables de limiter sa présence varient de façon plus ou moins grande.

Les espèces en expansion et celles qui régressent

Les populations sont les unités de base sur lesquelles agissent les forces responsables de l'évolution, celle-ci aboutissant à un changement de leur constitution génétique. Comme celles des autres animaux, les populations d'oiseaux vivant dans la nature sont caractérisées par leurs taux de mortalité et de renouvellement ainsi que par l'importance des échanges qu'elles peuvent avoir avec d'autres populations. Wilson et Bossert (1971) ont signalé que la vitesse d'accroissement d'une population résulte de la différence entre l'augmentation de ses effectifs (due aux naissances ou éclosions et à l'immigration) et leur diminution causée par la mortalité et, éventuellement, l'émigration. Ce type d'accroissement est qualifié d'exponentiel parce que théoriquement les populations qui le présentent peuvent grandir de façon illimitée à condition qu'elles aient une alimentation et un espace suffisants.

▼ Jacana à longue queue (*Hydrophasianus chirurgus*)

En fait, dans la nature, de nombreux facteurs s'opposent à l'augmentation indéfinie des populations. Les écologistes ont appelé « résistance du milieu » cet ensemble formé par les différentes causes de mortalité (maladies, prédation, etc.), la concurrence inter- et intraspécifique, la limitation des ressources alimentaires et enfin la surface occupée par la population. Tous ces éléments freinent l'expansion de cette dernière. La population suit donc une courbe logistique et s'accroît jusqu'à ce qu'elle atteigne une limite fixée par la capacité de charge du milieu. En effet un habitat donné ne peut faire vivre qu'un certain nombre d'animaux. Quand ceux-ci atteignent une densité excessive, ils détruisent le milieu. Ayant atteint son niveau maximal, la population se stabilise et se trouve en état d'équilibre avec le milieu. La dynamique d'une population résulte donc de l'action de deux facteurs essentiels qui agissent en directions opposées, d'une part la faculté reproductrice de l'espèce et d'autre part la résistance du milieu.

Si l'on étudie la courbe d'accroissement logistique d'une population, on constate qu'à un certain moment celle-ci présente un taux maximal de production. A ce stade il est possible de faire des prélèvements sans réduire sérieusement le nombre des individus. Ces ponctions sont effectuées par l'homme quand il chasse ou quand il pêche, mais elles doivent être calculées avec une grande rigueur et tenir compte de l'évolution de la démographie de l'espèce. Pour faire ces prévisions il est donc nécessaire de connaître le taux de fécondité et le taux de survie. On obtient le premier en comptant le nombre moyen de descendants que produit une femelle, et ceci dans chaque classe d'âge. On calcule le taux de survie (par classe d'âge également) en comptant le nombre d'individus vivants, le nombre de ceux qui sont morts, et enfin l'espérance de vie des survivants (nombre moyen d'années qui leur restent à vivre).

Ces calculs supposent que l'on connaisse à fond non seulement la structure de la population mais aussi le taux net de reproduction ou taux de remplacement et le nombre moyen de femelles qu'une femelle peut produire durant toute sa vie. Compte tenu de tous ces éléments, on peut fixer le montant des prélèvements supportables par la population sans que l'équilibre de l'écosystème soit perturbé. Telles sont les conditions idéales dans lesquelles devraient être faits ces prélèvements cynégétiques. Malheureusement la pêche, et surtout la chasse, telles qu'on les pratique actuellement, sont extrêmement éloignées de ces considérations scientifiques. Wilson et Bossert (1971) écrivent à ce sujet : « Quand on fait une étude démographique on cherche à connaître la contribution d'un individu au renouvellement de la population dont il fait partie. Une autre façon d'envisager le problème consiste à chercher le nombre d'individus qui manqueront dans la génération suivante si, dans la population actuelle, on élimine un individu, en particulier une femelle. La réponse dépendra de l'âge du sujet. Si l'on fait disparaître un animal âgé, qui ne participe plus à la reproduction, la génération suivante ne subira aucune perte, à moins qu'il s'agisse d'un membre actif au sein du groupe. Si, au contraire, on élimine une jeune femelle qui se trouve au début de sa période féconde, les conséquences pour la génération suivante seront beaucoup plus graves. La mesure de la contribution d'un individu à la génération suivante est appelée « valeur reproductrice ».

Chez les oiseaux, les facteurs responsables d'un accroissement de population sont le nombre d'œufs, le nombre de pontes actuelles, l'âge de la maturité sexuelle et la longévité moyenne des individus. Nous avons déjà parlé de tout ce qui concerne la ponte dans le chapitre relatif à la nidification. A propos de la maturité sexuelle, le livre de D. Lack (1968) contient d'intéressants renseignements. Chez quelques passériformes, l'âge auquel l'individu peut se reproduire est très précoce. En captivité, un diamant mandarin femelle commença à pondre à l'âge de six semaines. Chez cette espèce (*Taenopygia castanotis*), chez l'amarante (*Lagonosticta senegala*) et chez le damier à croupion blanc (*Lonchura striata*), certains sujets atteignent la maturité sexuelle à trois mois, mais pour la majorité des passereaux la faculté de se reproduire apparaît quand l'oiseau a un peu moins d'un an. Le jeune mâle du moineau domestique acquiert le plumage complet de l'adulte à deux ans et se reproduit dans sa deuxième année ; il peut s'accoupler à un an mais souvent sans succès. D'autres passériformes se reproduisent pour la première fois à deux ans (le corbeau freux par exemple). La perruche ondulée (*Melopsittacus undulatus*) peut nicher dès l'âge de deux mois et le turnix d'Andalousie (*Turnix sylvatica*) vers cinq mois. Parmi les espèces qui nichent pour la première fois à l'âge d'un ou deux ans on peut citer des martinets, les guêpiers, plusieurs canards (certains se reproduisent à trois ans et les cygnes à quatre ans) et le héron cendré. Chez d'autres oiseaux, la maturité sexuelle survient à un âge encore plus avancé : quatre ou cinq ans pour le mâle de la grande outarde, trois à cinq ans pour la cigogne blanche, trois ou quatre ans pour l'huîtrier-pie, trois ans pour les goélands, les sternes et les labbes, trois ans aussi pour les manchots, cinq ans pour les fous, trois à cinq ans pour l'autruche, de trois à cinq et même six ans chez divers rapaces de grande taille (aigles, vautours), huit à onze ans enfin chez les albatros. L'ornithologiste espagnol José Antonio Valverde a signalé que de 1954 à 1959 les aigles impériaux (*Aquila heliaca adalberti*) qui nichaient dans les marismas du Guadalquivir (Espagne) portaient le plumage normal des adultes. A la suite de persécutions dont cette espèce extrêmement rare fut victime, on s'aperçoit que plusieurs sujets en plumage immature s'accouplaient avec succès avec des oiseaux adultes et réussissaient à élever des jeunes.

De l'utilité du baguage

La longévité varie beaucoup selon l'espèce et selon les individus. Chez l'oiseau sauvage on ne peut la connaître de façon précise qu'au moyen du baguage. Si l'oiseau est bagué au nid, on saura exactement combien de temps il aura vécu le jour où on le retrouvera mort. En effet, on note toujours la date à laquelle il a été marqué et la date de la reprise. Un calcul extrêmement simple permettra donc de mesurer le temps qui a séparé les deux dates. Grâce au baguage on a constaté qu'un huîtrier-pie capturé sur l'île de Mellum (République Fédérale Allemande) avait été bagué trente-six ans auparavant (chez cette espèce, la longévité moyenne est voisine de dix ans). Cette observation peu ordinaire a été citée par Rolf Dircksen.

Certaines espèces étendent leur zone de distribution. C'est le cas du héron

Longévité de quelques espèces déterminée surtout par le baguage

espèce	âge maximal
pélican blanc	52 ans
grand cormoran	19 ans 7mois
fulmar	22 ans
fou de Bassan	12 ans 11 mois
condor des Andes	52 ans
aigle bateleur	55 ans
faucon crécerelle	14 ans 5 mois
aigle royal	25 ans 8 mois
héron cendré	18 ans
foulque noire	19 ans
courlis cendré	31 ans
chevalier gambette	14 ans 5 mois
bécasseau maubèche	13 ans
bécasseau variable	11 ans 11 mois
macareux moine	15 ans 9 mois
sterne Pierre-Garin	25 ans
goéland argenté	16 ans 1 mois
cigogne blanche	21 ans
canard colvert	20 ans
pigeon ramier	15 ans 11 mois
chouette effraye	10 ans
coucou gris	4 ans
martinet noir	21 ans
grand corbeau	12 ans 5 mois
mésange charbonnière	7 ans
troglodyte	4 ans 11 mois
merle noir	11 ans
rouge-gorge	8 ans 4 mois
fauvette à tête noire	6 ans 1 mois
étourneau sansonnet	13 ans
moineau domestique	23 ans

garde-bœufs (*Bubulcus ibis*), qui envahit progressivement le continent américain depuis qu'un petit groupe est arrivé au Venezuela. L'Europe a connu un phénomène analogue avec la tourterelle turque (*Streptopelia decaocto*), qui a occupé presque tout le continent en l'espace de vingt-cinq ans. Friedrich Goethe écrit à ce sujet (*in* Grzimek, 1971) : « Depuis 1920 les populations de certaines espèces de laridés et surtout celles du goéland argenté, ont connu un accroissement extraordinaire dans de nombreuses parties de l'hémisphère Nord. En 1906, il y avait trois mille couples reproducteurs de goélands argentés sur les côtes allemandes de la mer du Nord ; trente années plus tard il y en avait plus de vingt mille. Aujourd'hui il existe environ quarante mille individus de cette espèce dans la même région. On a assisté à une augmentation du même ordre sur les côtes hollandaises, britanniques, suédoises et finlandaises. Sur le littoral atlantique des Etats-Unis les populations de goélands argentés ont également connu un essor démographique hyperbolique : sur la côte de Massachusetts il y avait seulement quelques couples en 1920, mais quarante ans plus tard on en comptait plus de trente mille. »

Les facteurs responsables d'une diminution des populations animales sont des plus variés. La prédation, les conditions physiques défavorables, la concurrence, des maladies, des accidents et la raréfaction de la nourriture sont parmi les plus importants. La prédation est un des principaux et contribue à assurer l'équilibre des biocénoses. Bien que les animaux qui servent de proies disposent de toutes sortes de moyens de défense contre leurs ennemis (nid camouflé, homochromie des œufs et des jeunes, parades de détournement, cris d'alarme servant à avertir les congénères d'un danger imminent, etc.), les effets de la prédation sont toujours sensibles dans une population. Les œufs, les oisillons ou les poussins, les adultes et les immatures en sont les victimes.

Il existe aussi des exemples de cannibalisme, notamment chez les oiseaux rapaces. En effet l'incubation commence après la ponte du premier œuf et, par voie de conséquence, les jeunes éclosent de façon échelonnée. Si la quantité de nourriture apportée par les parents est insuffisante, l'aîné peut dévorer le petit dernier. Le rôle des prédateurs ne saurait être sous-estimé en ce qui concerne le maintien de l'équilibre démographique au moins chez certaines espèces. Ils capturent de préférence, mais pas exclusivement, les sujets handicapés pour une raison ou une autre (malades, blessés, faibles, etc.) et maintiennent les populations en bonne santé. Les rapports entre proies et prédateurs sont très étroits puisque les populations de ces derniers dépendent de l'abondance de leurs victimes. Dans de nombreux pays comme l'Italie et la France, des superstitions absurdes et une profonde ignorance de la réalité ont créé un climat de haine contre les rapaces et autres animaux prédateurs qui ont été et sont encore persécutés par tous les moyens, surtout parce qu'ils sont considérés comme des concurrents par les chasseurs. En effet, il leur arrive de capturer des animaux gibier introduits de façon maladroite. En fait, dans l'état actuel de déséquilibre où se trouve la faune sauvage, la destruction d'un oiseau rapace qui se trouve au sommet d'une chaîne ou pyramide alimentaire est *un véritable assassinat.* Comme le soulignent fort justement les zoologistes Cockrum et McCauley (1970) : « Il n'existe probablement aucune communauté écologique qui n'ait subi l'influence de l'homme ; désormais, même les régions les plus sauvages comme les déserts, les jungles tropicales et les abysses océaniques, ne peuvent échapper à l'action de la civilisation moderne. »

L'effet du mauvais temps et des obstacles inattendus

Les facteurs physiques du milieu ambiant constituent d'autres freins puissants à l'expansion des populations animales. Il s'agit par exemple des vagues de froid, des tempêtes, des pluies diluviennes, des vents violents et autres intempéries. Les facteurs climatiques causent des pertes importantes non seulement dans les troupes d'oiseaux migrateurs mais aussi chez les espèces sédentaires ou parmi les visiteurs d'hiver. A cet égard en Europe les vagues de froid des hivers 1946-1947, 1956-1957 et 1963-1964 ont réduit de façon

▼ Troupe de manchots Adélie (*Pygoscelis adeliae*)

très sensible les effectifs de nombreuses espèces. Maladies et parasites internes et externes font périr de nombreux oiseaux ; la concurrence pour le choix d'un territoire, d'un emplacement de nidification, etc., limite le nombre des oiseaux qui peuvent vivre à demeure dans un milieu donné. Enfin, les accidents, par exemple les collisions avec les tours-relais de télévision, les automobiles ou les grandes surfaces vitrées, à la suite desquelles les oiseaux meurent immédiatement ou non, se brisent une aile ou une patte, provoquent la disparition d'un nombre croissant d'individus.

On peut comparer une population à un individu car l'une et l'autre dépendent de l'écosystème dont ils font partie. Il est possible, dans une certaine mesure, d'analyser le métabolisme d'une population comme on le fait quand il s'agit d'un sujet isolé. A ce sujet, Wilson et Bossert (1971) rapportent que si l'on brûle entièrement le corps d'un animal dans une bombe calorimétrique afin de mesurer avec précision la quantité d'énergie libérée, on s'aperçoit en général que celle-ci est égale à cinq, six ou sept kilocalories par gramme de cendres (autrement dit, chaque gramme de matière organique peut fournir l'énergie nécessaire pour élever de un degré la température de cinq à sept litres d'eau). Dans ce domaine, il n'y a pas de très grandes différences entre les groupes zoologiques, alors que chez les plantes on observe de plus grandes variations ; d'autre part, la quantité d'énergie libérée est moins importante. Pour acquérir de l'énergie tout organisme doit manger d'autres organismes ou bien il doit les décomposer. Le flux d'énergie qui parcourt les différentes chaînes alimentaires présentes dans un écosystème se manifeste de trois façons, qui sont : la production (formation de nouveaux tissus, croissance, reproduction, accumulation de substances de réserve riches en énergie, etc.), l'exportation (c'est-à-dire l'émigration de certains organismes ou le transport passif de substances organiques à l'extérieur de l'écosystème par le jeu d'agents naturels) et enfin la respiration. Seule une faible quantité d'énergie est transmise d'un niveau trophique à l'autre.

Une particularité essentielle de la dynamique des populations animales est l'existence de fluctuations cycliques. Elles concernent des espèces dont les aliments sont fort peu diversifiés, et il s'agit souvent d'animaux granivores. Si leurs aliments font défaut (par exemple à la suite d'une baisse sensible de la productivité des arbres), les populations qui s'en nourrissent diminueront et retrouveront ultérieurement un niveau normal. Ces fluctuations peuvent se produire avec une certaine périodicité, et c'est pour cette raison qu'on les qualifie de cycliques. Parmi les espèces qui présentent des variations numériques de ce genre, on compte le casse-noix de Sibérie (*Nucifraga caryocatactes macrorhynchos*), qui vit surtout aux dépens des graines de pin cembro ou arolle (*Pinus cembra sibirica*), le jaseur boréal (*Bombycilla garrulus*) qui mange beaucoup de fruits de sorbier, des oiseleurs (*Sorbus aucuparia*) et le bec-croisé des sapins (*Loxia curvirostra*), grand consommateur de graines de conifères, surtout celles de l'épicéa (*Picea excelsa*). Quand, pour des raisons diverses, leur principale source de nourriture vient à se tarir, ces oiseaux se déplacent en masse vers d'autres régions pour y trouver à manger. Ces mouvements, qui ne sont pas des migrations mais plutôt des émigrations, ont reçu le nom d'invasions.

◀ Pages précédentes : mâle (à gauche) et femelle de quetzal

L'étude de la dynamique des populations a conduit les écologistes à imaginer des méthodes de recensement pour évaluer la densité et le nombre des oiseaux présents sur une certaine surface dans les milieux les plus différents. De même, ils ont mis au point des procédés pour cartographier les territoires, etc. De cette façon ils réussissent à analyser les modifications de densité au cours des saisons et d'année en année. L'importance de ces recherches est évidente si l'on veut connaître de façon précise les biocénoses et les populations animales qui les composent, car elles permettent de gérer ces dernières de façon rationnelle. Elles ont donc une valeur pratique pour la chasse. Les travaux de ce genre permettent également de connaître la structure des populations, de calculer la biomasse (poids total des individus d'une espèce ou de plusieurs espèces vivant sur une surface déterminée) et d'évaluer les transferts d'énergie à l'intérieur des écosystèmes, aux différents niveaux des chaînes alimentaires.

Comment se répartissent les animaux à la surface du globe

La distribution actuelle des espèces animales à la surface du globe terrestre résulte d'un ensemble complexe d'influences qui n'ont cessé de se manifester depuis l'apparition de la vie jusqu'à nos jours. Les changements de climat, les modifications de l'emplacement des terres émergées (déplacements des continents) et les autres bouleversements qu'ont subis les différents milieux ont joué un rôle capital dans la répartition des espèces animales et végétales que nous connaissons. Au cours des différentes périodes géologiques, de multiples changements sont intervenus, petits ou grands : à certaines époques, les mers se sont étendues, et simultanément la surface des terres émergées a diminué ; à d'autres époques au contraire, elles se sont retirées, et les masses continentales se sont accrues. Durant les glaciations, les glaces polaires se sont avancées et retirées successivement à plusieurs reprises et ont modelé le relief. Les continents se sont tantôt rapprochés et soudés, tan-

▼ Huîtriers-pie (*Haematopus ostralegus*)

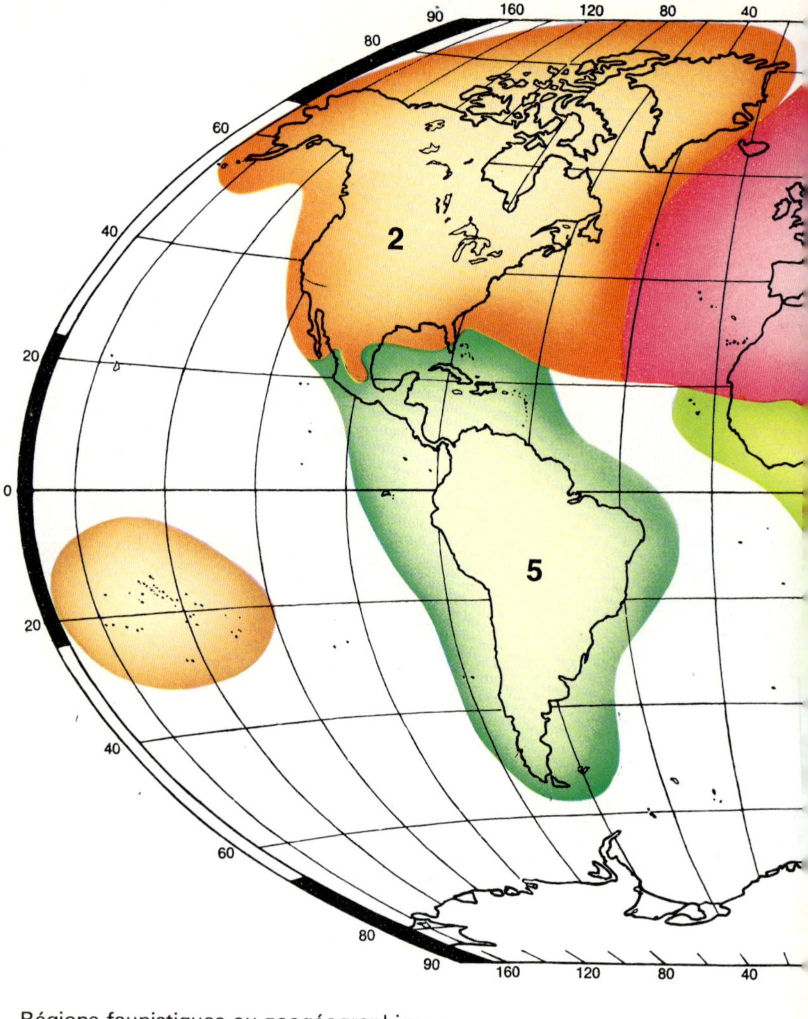

Régions faunistiques ou zoogéographiques

1) région paléarctique
2) région néarctique
3) région orientale
4) région éthiopienne
5) région néotropicale
6) région australienne

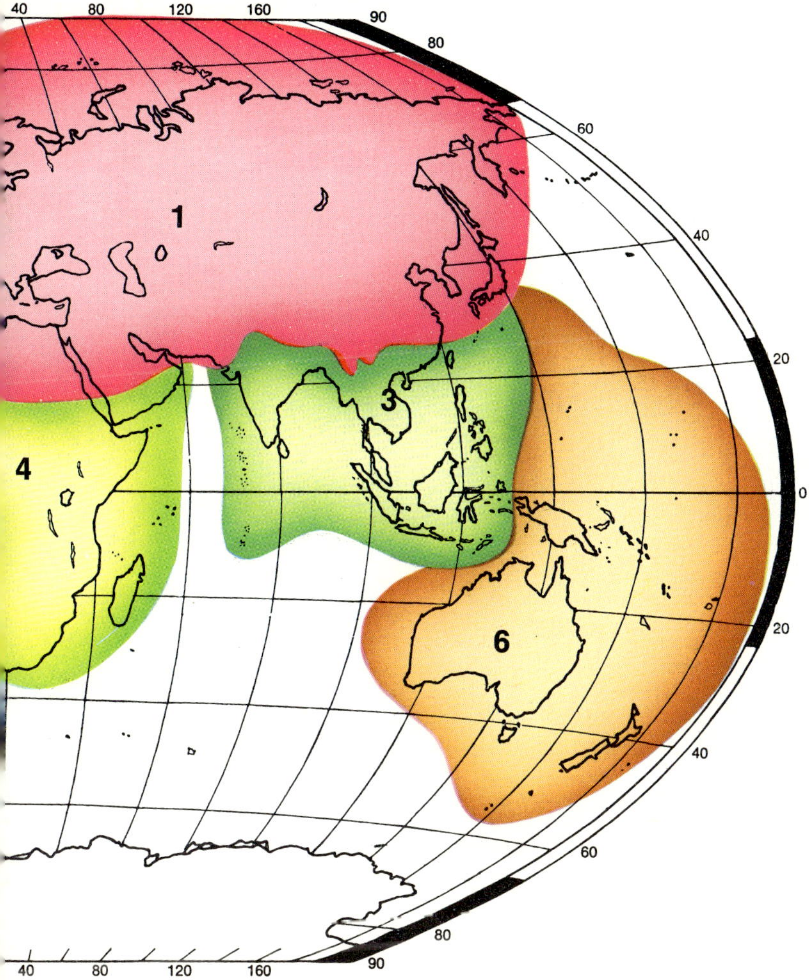
40
80
120
160
90
80
60
40
20
0
20
40
60
80
90
1
3
4
6

tôt ils se sont écartés. Des chaînes de montagnes ont surgi pendant que d'autres s'abaissaient sous l'action de l'érosion. Les barrières naturelles telles que les massifs montagneux, les mers, les déserts ainsi que les différences de climat ou de milieu exercent une influence sur la distribution des espèces animales et végétales. En étudiant leur répartition les naturalistes ont apporté des preuves en faveur de la théorie de la dérive des continents formulée par A. Wegener au début du XXe siècle. Cette hypothèse s'appuie sur le fait que les continents sont formés de matériaux plus légers que ceux qui se trouvent au-dessous et constituent l'écorce terrestre (manteau). Ils ressemblent donc à de gigantesques plaques qui se déplacent. Les heurts qui se produisent entre deux masses continentales ont provoqué la formation des chaînes de montagnes, par exemple l'Himalaya, qui a surgi après la rencontre entre l'Asie et le sous-continent indien.

En étudiant attentivement les contours actuels de certains continents, on s'aperçoit qu'ils peuvent s'encastrer les uns dans les autres. A l'origine, les continents formaient sans doute une masse unique, et des preuves viennent à l'appui de cette hypothèse. Ainsi, on a trouvé des roches de même nature aux extrémités de continents distants de plusieurs milliers de kilomètres. L'étude des mouvements des continents a jeté un peu de lumière sur les particularités et la distribution des êtres vivants à la surface de la Terre, sur leur évolution et leur histoire. Les caractères propres à la faune des différentes masses continentales ont permis de diviser la Terre en plusieurs régions zoogéographiques. La première classification de ce genre fut proposée par Sclater en 1858, mais elle fut considérablement transformée par le naturaliste Alfred Russel Wallace, et cette version améliorée est toujours en vigueur actuellement.

On distingue donc : **1.** la région paléarctique qui comprend l'Europe, le Nord de l'Afrique et l'Asie septentrionale et centrale ; **2.** la région néarctique qui englobe l'Amérique du Nord jusqu'au Mexique septentrional (on donne souvent le nom de région holarctique à l'ensemble formé par le paléarctique et le néarctique) ; **3.** la région éthiopienne formée par l'Afrique au sud du Sahara (on y distingue une sous-région malgache avec Madagascar) ; **4.** la région orientale dans laquelle on place l'Asie tropicale et l'Ouest de l'Indonésie ; **5.** la région australienne formée par l'Est de l'Indonésie, la Nouvelle-Guinée, l'Australie, la Polynésie et la Nouvelle-Zélande (celle-ci constitue à elle seule une sous-région) ; **6.** la région néotropicale qui se compose de l'Amérique centrale et de l'Amérique du Sud (la sous-région antarctique est souvent considérée comme une entité à part). Chacune de ces régions est caractérisée par une faune avienne particulière, et l'on y trouve des groupes endémiques, c'est-à-dire des groupes que l'on ne rencontre nulle part ailleurs. La région holarctique a été le foyer d'origine de différents groupes et espèces qui se sont ensuite plus ou moins répandus ailleurs : faisans, grues, hiboux, chevêches, hulottes, effrayes, gobe-mouches, pies-grièches, fringilles, mésanges, grimpereaux, sittelles, corbeaux, jaseurs, cincles, vautours américains (et probablement aussi les goélands, les sternes, les labbes, les chevaliers et plusieurs autres limicoles). Cinq familles sont endémiques dans cette région : il s'agit des gaviidés (plongeons), des tétraonidés (coqs de bruyère, gelinottes), des phalaropodidés (phalaropes), des alcidés (macareux, guillemots, pingouin) et des prunellidés (accenteurs).

La région éthiopienne possèdent une faune avienne plus diversifiée dont les familles endémiques sont les sagittariidés (serpentaire), les struthionidés (autruche), les viduidés (veuves), les coliidés (colious), les balénicipitidés (baléniceps), les scopidés (ombrette) et les musophagidés (touracos). La région néotropicale est la plus riche de toutes et possèdent trente et une familles endémiques. Les plus remarquables sont celles des opisthocomidés (hoazin), stéatornithidés (guacharo), ramphastidés (toucans), rhéidés (nandous), etc. La région australienne a quinze familles endémiques parmi lesquelles on peut citer les dromicéiidés (émeu), les casuariidés (casoars), les ménuridés (oiseaux-lyres ou ménures), les paradiséidés (oiseaux de paradis) et les ptilonorhynchidés (oiseaux à berceau ou oiseaux jardiniers). Enfin, la région orientale possède une seule famille endémique, celle des irénidés (verdins, ioras), mais elle se caractérise par l'abondance des faisans, pigeons, pics, indicateurs, brèves, corvidés, souimangas et fringilles.

▼ Grand cormoran (*Phalacrocorax carbo*)

▼ Martin-pêcheur (*Alcedo atthis*)

Un panorama des différents milieux

Les milieux naturels présents à la surface du globe sont extrêmement variés. Les caractères de leur faune et de leur flore dépendent avant tout du climat, qui varie selon la longitude et la latitude. Le climat lui-même est conditionné par l'ampleur du rayonnement solaire, par les mouvements de l'atmosphère, la rotation quoditienne de la Terre sur son axe et sa révolution annuelle autour du soleil. Les vents et certains courants océaniques contribuent à adoucir le climat des régions exposées à leur influence et, à son tour, le sens des vents et des courants dépend du sens de rotation de la planète. L'importance du rayonnement solaire est capitale. Sans lui les plantes ne pourraient pas pousser, car la lumière fournit l'énergie indispensable à la photosynthèse, processus qui aboutit à l'élaboration de substances organiques. A leur tour les animaux dépendent, directement ou non, des plantes. Les caractéristiques de la végétation sont dictées par le climat local et les facteurs édaphiques (relatifs à la nature du sol). L'intensité du rayonnement solaire au cours de la journée et des différentes saisons varie selon l'altitude, la situation géographique. La température moyenne annuelle, la teneur du sol en eau et l'importance de l'évaporation ont également une grande importance. Pour les plantes aquatiques la composition chimique de l'eau est capitale. Parmi les autres causes qui influent sur l'aspect de la végétation, il convient de signaler les

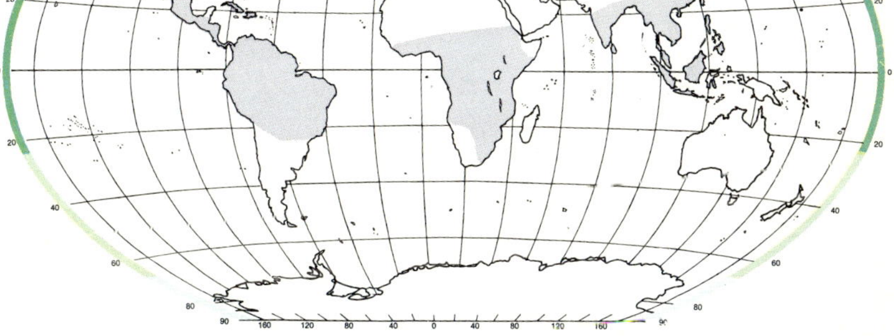

Tétras (*tetraonidae*)

Trogons (*trogonidae*)

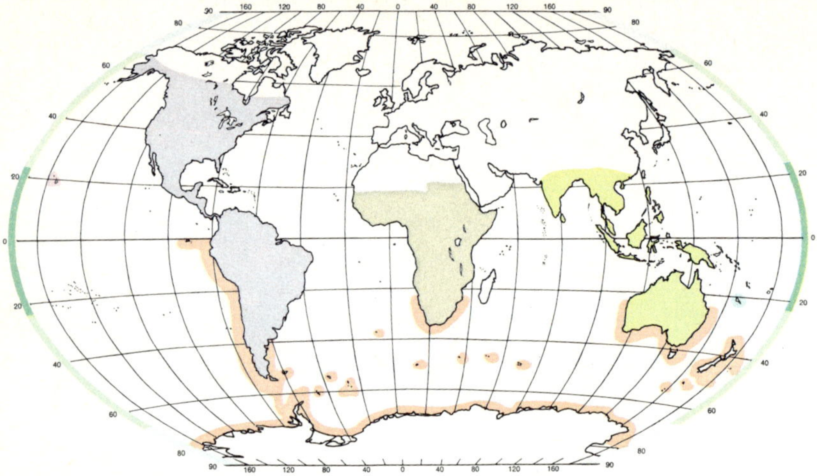

Drépanididés (drepanididae)	Touracos (musophagidae)
Kagou (rhynochetidae) Nouvelle-Calédonie	Langrayens (artamidae)
Tyrans (tyrannidae)	Manchots (spheniscidae)

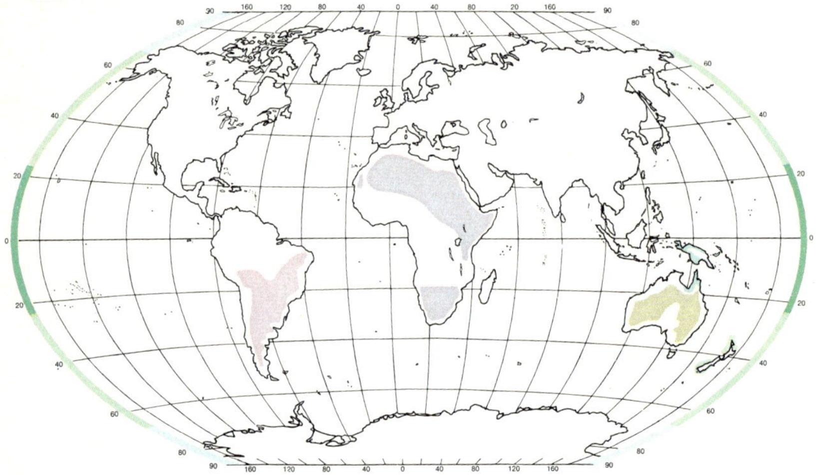

Nandou (*Rhea americana*)	Casoars (casuariidae)
Autruche (*Struthio camelus*)	Kiwi (*Apteryx australis*) (Nouvelle-Zélande)
Emeu (*Dromiceius novaehollandiae*)	

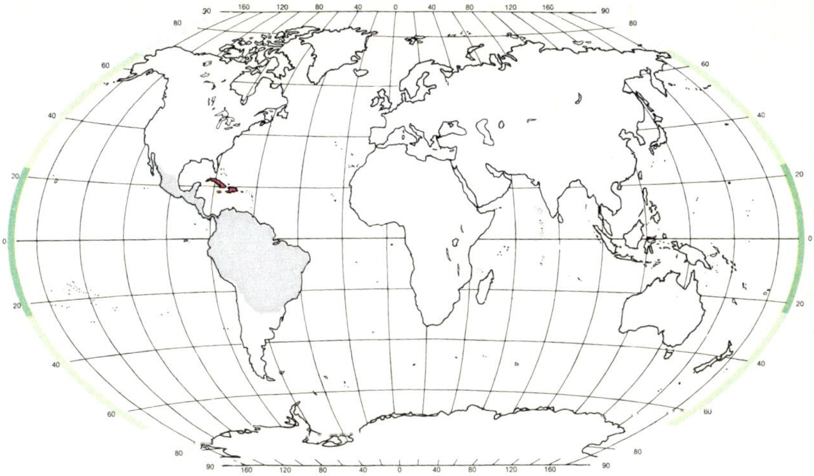

Momots (momotidae)

Todiers (todidae)

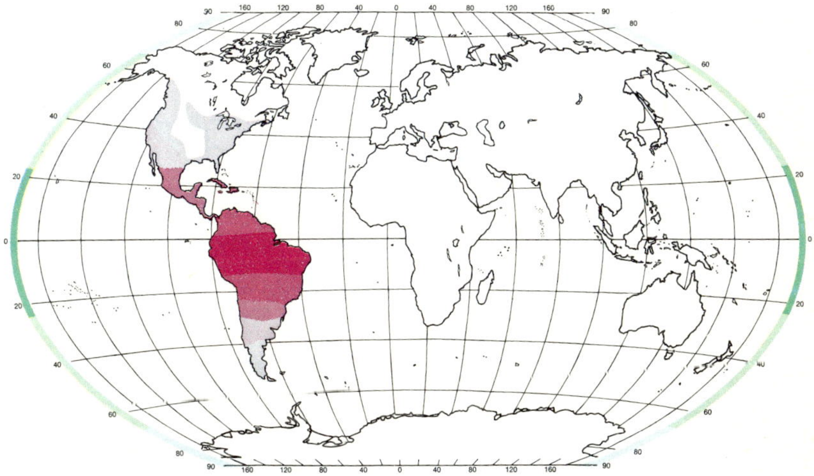

1–4

5–19

20–61

110–158

163

distribution des colibris et nombre d'espèces.

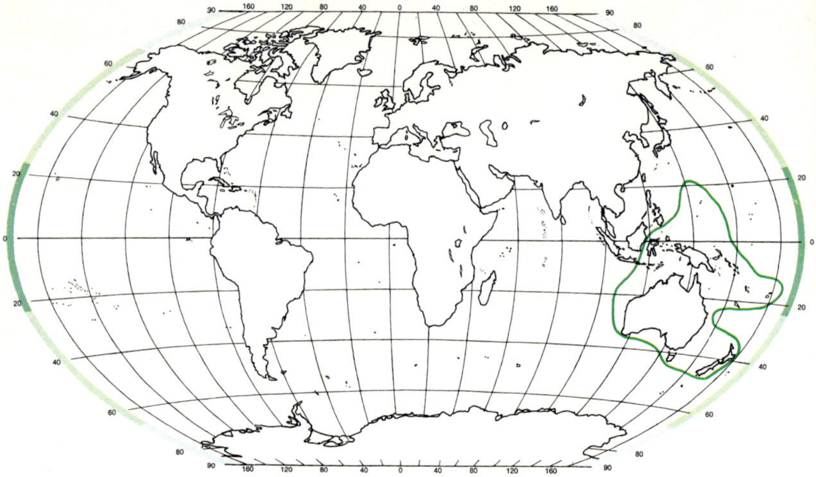

▲ Meliphages (*meliphagidae*)

▼ Perroquets et perruches (*psittacidae*)

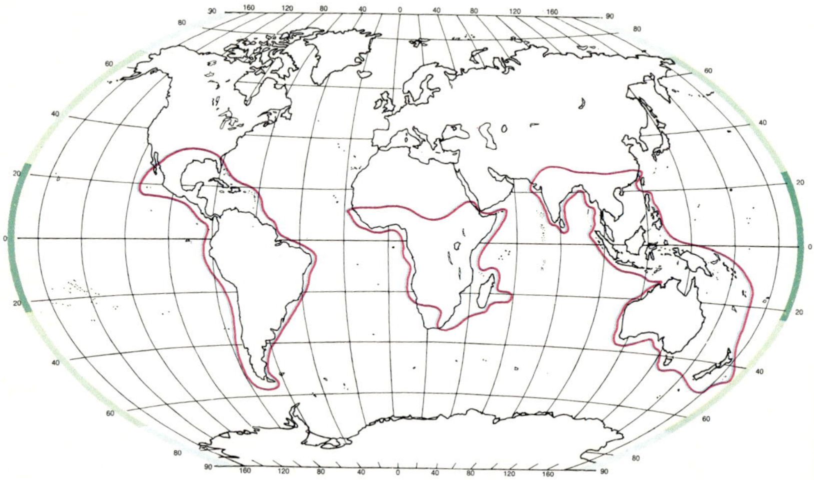

mouvements de l'eau, la force du vent, les chutes de neige mais aussi l'action des animaux, puisque certains transportent le pollen ou les graines, alors que d'autres (ainsi que certains végétaux) sont parasites.

Les géographes distinguent plusieurs grandes zones climatiques, auxquelles correspondent des ceintures de végétation apparemment bien délimitées mais qui, dans le détail, sont séparées par des zones de transition plus ou moins larges. Les écologistes appellent biomes ces paysages caractérisés par une flore et une faune particulières, et ils distinguent : **1.** les régions polaires (glaces et toundra) ; **2.** les forêts de conifères (taïga) ; **3.** les forêts tempérées ; **4.** les prairies ; **5.** les déserts ; **6.** les forêts tropicales ; **7.** les montagnes ; **8.** les îles océaniques ; **9.** les eaux continentales ; **10.** les mers et océans. Jean Dorst, dans un volume consacré aux oiseaux dans leur milieu (1971), analyse l'avifaune mondiale en classant les milieux naturels de la manière suivante : mers, milieux polaires, littoral, eaux continentales, forêts tempérées, déserts, savanes tropicales, forêts tropicales humides, hautes montagnes et milieu insulaire. De son côté, Odum (1971) reconnaît comme principaux écosystèmes les mers, les estuaires et les côtes, les torrents et les fleuves, les lacs et les étangs, les marais d'eau douce, les déserts, la toundra, les prairies et enfin les forêts. Enfin, Dajoz (1972) retient parmi les communautés terrestres les régions polaires (toundra), les montagnes, les forêts, les formations herbacées (steppes et savanes) et les déserts. Il distingue les mers et leurs subdivisions comme éléments des communautés marines et enfin les eaux courantes et stagnantes parmi les communautés d'eau douce. Dans ce livre, nous avons choisi la première de ces classifications en dix sections pour présenter un panorama des différents milieux et de l'avifaune qui les habite.

Les régions polaires

Ce terme s'applique tout d'abord aux contrées polaires proprement dites où la terre (et éventuellement la mer) est en permanence recouverte d'une couche de glace ou de neige. Les températures moyennes ne s'élèvent guère au-dessus de 0° en été. On fait également entrer dans cette subdivision les régions subpolaires dont la toundra (plus ou moins rocheuse) est un paysage caractéristique. Il s'agit d'un milieu couvert d'une végétation très basse composée de lichens, mousses, graminées et arbres nains. Des forêts de conifères en forment la limite méridionale.

L'Arctique et le continent antarctique forment la plus grande partie des régions polaires qui couvrent de vastes surfaces. En ce qui concerne la température, on peut affirmer que les limites de ces deux régions correspondent à une ligne imaginaire reliant les points où la moyenne des mois les plus chauds est voisine de dix degrés. L'Arctique est un ensemble formé de mers, d'îles et de l'extrémité septentrionale de plusieurs continents, soit au total environ quatorze millions de kilomètres carrés. On admet qu'il comprend les environs du pôle Nord, une grande partie de l'Alaska et du Canada septentrional, les régions côtières de la Sibérie, le Nord de la Scandinavie et le Groenland.

Le continent antarctique qui a pour « centre » le pôle Sud possède 95 pour 100 des glaces permanentes présentes sur le globe. Leur épaisseur atteint

Pages suivantes : Colonie de fous de Bassan ▶

trois mille cinq cents mètres. Dans l'Antarctique, les conditions d'existence sont particulièrement difficiles en raison de l'extrême rigueur du climat. Les rayons solaires, qui conditionnent la vie, effleurent le pôle, et une grande proportion en est réfléchie par la glace et la neige. Le jour et la nuit durent chacun six mois. La végétation, extrêmement maigre, est ensevelie sous la neige pendant le long hiver et n'existe que sur la frange littorale. En fait, c'est dans la mer que la vie grouille et le phytoplancton ainsi que des animaux plus grands (notamment les crevettes couramment appelées krill par les chasseurs de baleines) représentent les principales sources de nourriture et font vivre des poissons, des mammifères et des oiseaux.

Dans les régions polaires on trouve de vastes surfaces à peu près dépourvues d'êtres vivants. Les oiseaux capables de vivre dans ce milieu désolé sont peu nombreux. La majorité vivent dans la toundra arctique et quelques-uns seulement survolent parfois les pôles. Beaucoup ne se montrent qu'en été, seule saison favorable à la reproduction, et migrent aussitôt après avoir niché, car ils ne pourraient pas subsister en hiver. Les oiseaux les plus remarquables des régions polaires sont les manchots de l'Antarctique et des îles voisines du continent (rappelons que certains manchots vivent sur les côtes d'Afrique du Sud, d'Amérique du Sud, de l'Australie, donc en dehors de la région antarctique. L'un d'eux, *Spheniscus mendiculus,* habite même les îles Galapagos au niveau de l'équateur !). Les espèces qui ont la distribution la plus antarctique appartiennent aux genres *Pygoscelis* (*P. adeliae, P. papua, P. antarctica*) et *Aptenodytes* (*A. forsteri,* le manchot empereur). D'autres oiseaux réussissent à résister au climat polaire de cette région ; ce sont le pétrel des neiges (*Pagodroma nivea*), le pétrel antarctique (*Thalassoica antarctica*), le damier du Cap (*Daption capensis*), le fulmar antarctique (*Fulmarus glacialoides*), le pétrel de Wilson (*Oceanites oceanicus*), le pétrel

▼ Hémipode à collier (*Pedionomus torquatus*)

▼ Hémipode batailleur (*Turnix suscitator*)

◀ Spatule (*Platalea leucorodia*)

géant ou ossifrage (*Macronectes giganteus*) et enfin le skua antarctique (*Stercorarius skua maccormicki*). La végétation de la toundra arctique fait vivre un grand nombre d'animaux herbivores, comme les lemmings, le lièvre polaire et des campagnols qui servent de nourriture à plusieurs oiseaux rapaces tels que le harfang des neiges, des labbes, le faucon gerfaut, etc. De nombreux oiseaux se reproduisent dans la toundra, par exemple des anatidés comme la bernache nonnette (*Branta leucopsis*), la bernache cravant (*B. bernicla*) et l'eider à tête grise (*Somateria spectabilis*), plusieurs limicoles et quelques passereaux. Une minorité reste sur place même en hiver, il s'agit notamment du lagopède ainsi que du faucon gerfaut.

Les forêts de conifères

La zone de végétation formée par les forêts de conifères (taïga) s'étend sur plus de douze mille kilomètres de la Norvège à la presqu'île du Kamtchatka et de l'Alaska au Labrador. En fait, il s'agit de forêts mixtes, car si les conifères dominent largement (ce sont surtout des épicéas, des mélèzes et des pins), on trouve à côté d'eux des bouleaux, des trembles et des saules. Le sol du type podzol (mot russe signifiant sol cendreux) est pauvre en sels minéraux en raison de lessivage effectué par l'eau qui ne réussit pas à s'évaporer en raison de la faiblesse des températures moyennes. La taïga est entrecoupée de lacs, de marécages, qui occupent les dépressions situées entre les montagnes. Les conifères fournissent une grande partie de l'alimentation des oiseaux. Ceux-ci mangent des graines, des bourgeons et, à la belle saison, des insectes. En outre, les arbres leur offrent des abris et des emplacements de nidification. Les caractéristiques essentielles du climat de la taïga peuvent être résumées comme suit : les précipitations annuelles sont faibles (leur hauteur ne dépasse pas 500 millimètres) et les températures sont basses (en hiver elles descendent souvent à $-40°$). En outre, le sol est pauvre. De nombreuses espèces d'oiseaux nichant dans la taïga sont migratrices. Parmi les formes les plus typiques de ce milieu, on peut citer des tétraonidés, des pics, des rapaces nocturnes, les becs-croisés, le casse-noix, des mésanges et d'autres passereaux, comme le pinson du Nord et le roitelet huppé.

Les forêts tempérées

La zone des forêts tempérées s'étend au sud de la taïga dans les régions jouissant d'un climat plus doux. Dans la partie méridionale de cette ceinture de végétation, la transition avec les déserts est assurée par des formations végétales typiques de la région méditerranéenne, comme le maquis et la garrigue auxquelles correspondent le chapparal en Californie et au Mexique et les broussailles (mallee scrub) d'Australie. La zone tempérée est caractérisée par l'absence d'écarts vraiment importants entre les températures estivales et hivernales. La pluviosité est comprise entre 750 et 1 500 millimètres par an. A la belle saison, les feuilles des arbres absorbent une très grande quantité d'énergie solaire mais elles tombent en automne. Les sols bruns absorbent facilement l'eau de pluie, dont une grande partie s'évapore. De nombreuses espèces d'oiseaux sont migratrices ; cependant la faune avienne reste très variée en hiver.

Les prairies

Localement la zone des prairies, ou plus exactement des steppes, sépare les forêts tempérées des déserts. Elle assure le passage entre les climats humides et les climats secs. Les précipitations sont assez rares, irrégulières, et la sécheresse constitue une menace permanente. Ceci explique la prépondérance des formations végétales naines qui, d'un côté, laissent progressivement la place à des steppes boisées puis aux forêts, et de l'autre mènent peu à peu à la steppe proprement dite et finalement au désert. On distingue les prairies tempérées (steppes eurasiatiques, prairie nord-américaine, pampas d'Amérique du Sud, veld sud-africain, et terres basses d'Australie) et les prairies tropicales ou savanes, où les températures sont élevées pendant toute l'année mais où la pluie tombe seulement à certaines saisons. Les graminées y atteignent parfois trois mètres de haut dans les régions les plus arrosées tandis qu'ailleurs buissons et arbres sont adaptés à une sécheresse prolongée. On rencontre les savanes en Afrique où elles ont le plus grand développement, en Inde, dans le Nord de l'Australie et aussi en Amérique du Sud où on les appelle llanos et campos.

▼ Balbuzard fluviatile (*Pandion haliaetus*)

Les oiseaux les plus remarquables sont des ratites comme l'autruche et les nandous, des outardes, les pintades, des calaos, les tétras des prairies, divers passereaux (tisserins, veuves, bengalis, pies-grièches), les gangas, les mégapodes, le serpentaire et des vautours.

Les déserts

Les déserts sont caractérisés par l'extrême rareté de l'eau et l'importance des écarts de température entre le jour et la nuit. Les climatologistes qualifient de désertiques les régions où il tombe moins de 250 millimètres de pluie par an. La violence et la fréquence des vents contribuent à accroître l'aridité car ils accélèrent l'évaporation. C'est pourquoi la végétation est très clairsemée et se compose de plantes adaptées aux conditions du milieu. De même, les

▼ Baléniceps (*Balaeniceps rex*)

▼ Nid de ganga tacheté (*Pterocles senegallus*)

▲ Courvite isabelle (*Cursorius cursor*) avec un de ses œufs

oiseaux sont capables de supporter le manque d'eau ou ajustent leur période de reproduction à la saison où tombent les pluies. Les plus typiques sont les ptéroclididés, le courvite et dans le Nouveau Monde, le coureur de routes, la chouette des terriers, l'engoulevent de Nuttall et certains pics.

Les forêts tropicales

Les forêts tropicales existent dans les régions où les pluies sont abondantes, également réparties tout au long de l'année, et où les températures sont élevées et constantes. Au voisinage de l'équateur, les précipitations annuelles atteignent en moyenne une hauteur de quatre mètres, et la température est en permanence proche de 25°. La végétation luxuriante offre une très grande variété de niches écologiques, c'est pourquoi l'avifaune se distingue par sa richesse. Les forêts tropicales comprennent plusieurs étages de végétation, comme il ressort d'une coupe verticale imaginaire : une strate herbacée souvent peu fournie en raison de l'ombre formée par l'épaisseur des feuillages, une strate arbustive et une strate arborée qui peut atteindre une hauteur considérable.

Les forêts tropicales représentent un véritable poumon pour des régions entières en raison de la densité extraordinaire de la végétation et du fait que la synthèse chlorophylienne est possible toute l'année. Malheureusement, le mythe du progrès économique a déjà provoqué une forte régression de la surface occupée par ces sylves et, en maintes régions, elles ont perdu leur caractère originel quand elles n'ont pas été remplacées par des cultures. Ces transformations ont créé une situation dangereuse, car les sols des forêts tropicales sont fragiles s'ils sont mis à nu. En 1976 le Fonds Mondial pour la Nature (WWF) a collecté de l'argent pour protéger ce milieu extrêmement précieux et a essayé de sensibiliser l'opinion publique au danger que représenterait sa disparition. Les forêts tropicales existent non seulement en plaine mais aussi en montagne, où la taille des arbres décroît à mesure que l'altitude augmente.

Ce milieu naturel est le plus riche en oiseaux. Parmi les espèces les plus remarquables on peut citer des perroquets, des colibris, les oiseaux de paradis, des tangaras, les cotingidés, les dendrocolaptidés, les brèves et beaucoup d'autres encore.

Les montagnes

De type continental, le climat montagnard se caractérise par de forts écarts de température non seulement entre les saisons mais aussi entre le jour et la nuit. De plus, la température moyenne s'abaisse d'environ un degré par tranche de cent cinquante mètres et à plus de 4800 mètres d'altitude l'oxygène commence à se raréfier très notablement. Les chaînes de montagnes constituent des barrières qui arrêtent les vents. Localement, le relief crée des tourbillons et, par suite, des variations de température et de pluviosité. Les montagnes font obstacle à la diffusion de certaines espèces aviennes et constituent de véritables refuges pour d'autres. Parmi les oiseaux montagnards : l'accenteur alpin, la niverolle, le crave et le chocard, le tichodrome, le condor des Andes, l'aigle royal (qui vit aussi en plaine) et certains faisans asiatiques.

Les îles

Les îles représentent un milieu extrêmement intéressant pour le biogéographe et le naturaliste. Leur origine est double : les unes ont été formées à la suite d'une éruption volcanique sous-marine et ne sont pas reliées directement à une masse continentale. Leur faune avienne résulte de l'arrivée progressive d'espèces colonisatrices qui ont réussi à les atteindre et à s'y établir. Les secondes, appelées îles continentales, se sont détachées d'un continent voisin et présentent donc la même structure géomorphologique que le continent (c'est le cas, par exemple des Iles Britanniques, de Madagascar et de la Nouvelle-Zélande). Leur faune se ressent de l'évolution qu'elles ont subie au cours des différentes périodes géologiques. Les Iles Britanniques ont un climat particulier car elles sont exposées aux vents et, sauf exceptions, reçoivent une quantité de pluie élevée. Leur faune et leur flore ont énormément souffert des activités humaines, et particulièrement de celles qui caractérisent la civilisation occidentale. De nombreuses espèces ont disparu par suite d'interventions inconsidérées (déboisements, introduction d'animaux domestiques, destructions systématiques, etc.).

Les eaux continentales

On donne ce nom à toutes les collections d'eau situées à la surface des continents, qu'il s'agisse d'eaux courantes (fleuves, rivières, ruisseaux, torrents) ou dormantes (lacs, étangs, marais, lagunes). Elles sont présentes partout (sauf dans les déserts) et de très nombreuses espèces d'oiseaux y trouvent les conditions favorables à leur existence. Les grands plans d'eau constituent des sites de grande valeur pour une multitude d'espèces migratrices (les canards en particulier).

Les mers

Dans son livre sur les oiseaux (1965), le célèbre ornithologiste américain Roger Tony Peterson dit ceci : « Les mers couvrent les cinq septièmes de la surface du globe. Pour chaque kilomètre carré de terre il y a deux kilomètres et demi d'eaux salées, et pourtant, les oiseaux que l'on peut qualifier réellement de marins représentent seulement 3 pour 100 des espèces actuellement vivantes. Il y en a environ deux cent soixante, réparties entre une douzaine de familles. Certains, comme la majorité des mouettes et des goélands, sternes, cormorans, frégates et pélicans, ne s'éloignent guère des côtes, c'est pourquoi le nombre des espèces véritablement pélagiques est inférieur à cent cinquante. »

Dorst (1971) a donné une liste complète de ces familles (le signe + désigne celles dont tous les représentants sont des oiseaux vraiment marins) : + sphéniscidés (manchots), + diomédéidés (albatros), + procellariidés (puffins et pétrels), + hydrobatidés (pétrels tempête), pélécanoididés (pétrels plongeurs), + phaethontidés (phaétons et pailles en queue), pélécanidés (pélicans), + sulidés (fous), phalacrocoracidés (cormorans), + frégatidés (frégates), stercorariidés (labbes), laridés (mouettes et goélands, sternes), rhynchopidés (becs-en-ciseaux), + alcidés (macareux, pingouin, guillemots).

Les oiseaux et l'homme

Un équilibre fragile

De tout temps les oiseaux ont attiré l'attention de l'homme pour des motifs très variés. Leur extraordinaire faculté de voler, la beauté de leur plumage, leur voix souvent harmonieuse, mais aussi leur valeur comme source de nourriture (chair et œufs) sont quelques-unes de ces raisons. A toutes les époques cet intérêt s'est reflété dans les diverses branches de la culture, qu'il s'agisse de l'art, de la littérature, du folklore populaire, etc. L'homme a domestiqué plusieurs espèces qu'il élève de façon intensive et, pour satisfaire ses besoins ou ses caprices, il les a sélectionnées pour créer de nouvelles races. La chasse, qui jadis avait une réelle utilité, n'est plus qu'une forme de «loisir». En France et en Italie elle a pris des proportions considérables puisque le nombre des chasseurs ne cesse d'augmenter et est devenu trop élevé par rapport aux espaces sur lesquels ils peuvent pratiquer leur passe-temps favori. Au cours des dernières décennies, les activités cynégétiques ont entraîné la régression des populations de certaines espèces, car la grande majorité des chasseurs sont dépourvus de connaissances biologiques et écologiques. Aujourd'hui, la chasse constitue une menace pour certaines espè-

ces, car elle s'ajoute à d'autres facteurs tels que la modification progressive ou brutale des milieux naturels, la pollution des eaux, de l'air et du sol. il faut ajouter qu'elle est devenue de plus en plus intense en raison des progrès enregistrés dans la fabrication des armes et des munitions.

C'est pourquoi seule est désormais acceptable la chasse fondée sur des études scientifiques comme les recensements des espèces gibier qui permettent de calculer l'importance des prélèvements possibles sans que la faune subisse de graves dommages. Il ne faut pas en effet oublier que celle-ci est déjà traquée par l'emprise grandissante de l'homme sur la nature. Dans ce chapitre très important des rapports d'*Homo sapiens* avec les oiseaux nous parlerons seulement de l'ornithologie et de la protection des espèces aviennes.

La science des oiseaux

L'ornithologie est la science qui étudie les oiseaux. C'est donc une branche de la zoologie et, à un niveau plus élevé, de la biologie. L'ornithologie (du grec *ornis, ornithos* = oiseau et *logos* = discours, étude) s'occupe d'accroître les connaissances relatives à la structure des oiseaux, à leur comporte-

▲ Canards colvert (*Anas platyrhynchos*)

ment, à leur reproduction, etc. Mais, avant d'en arriver à ce stade, il est nécessaire que ses adeptes apprennent à identifier les oiseaux, c'est-à-dire à reconnaître les différentes espèces. C'est surtout en Grande-Bretagne et en Amérique du Nord que l'observation des oiseaux dans la nature est, depuis des dizaines d'années, un passe-temps auquel se livrent de très nombreux amateurs. Même si elle se limite à l'identification des oiseaux dans leur milieu et à l'étude de leurs habitudes, l'ornithologie est une activité qui contribue grandement à l'augmentation de nos connaissances. De nos jours il existe dans de très nombreux pays des associations qui réunissent les ornithologistes et leur proposent des thèmes de recherche. En France, en Belgique et en Suisse ces groupes se sont multipliés depuis trente ans et même dans les sociétés d'histoire naturelle plus anciennes des sections ornithologiques ont vu le jour.

Un outil : les jumelles

Pour identifier les oiseaux il est absolument indispensable d'avoir des jumelles, car la plupart des espèces ne se laissent pas approcher. En outre, de

▲ Envol d'un canard colvert

nombreux obstacles empêchent l'observateur de venir à leur proximité. Les jumelles les plus pratiques sont celles qui grossissent sept, huit ou dix fois et dont l'objectif a un diamètre de cinquante millimètres. Les chiffres gravés sur le corps des jumelles, par exemple « 7 × 50 », indiquent justement, le premier le grossissement, et le second le diamètre de l'objectif. Autrement dit, avec des jumelles de ce type, les oiseaux paraîtront sept fois plus près qu'ils ne le sont en réalité. Plus le diamètre de l'objectif est grand et plus la quantité de lumière pénétrant dans les jumelles augmente. L'image est donc plus claire. L'important est de choisir un modèle qui ne modifie pas les couleurs (en les « blanchissant ») et donne une image extrêmement précise de la réalité (il ne doit pas y avoir d'auréoles colorées autour des objets regardés).

Quand on désire observer des oiseaux à très grande distance (par exemple au bord de la mer ou au bord d'un lac, ou encore en montagne) il est avantageux d'utiliser un télescope monté sur un pied suffisamment lourd pour ne pas être ébranlé par le moindre souffle d'air. Les modèles les plus avantageux sont ceux qui possèdent trois objectifs montés sur une tourelle et dont le grossissement va de vingt à soixante.

Un appareil photographique sera utile pour obtenir des documents sur l'habitat ou bien pour recenser des troupes d'oiseaux. Mais le photographe doit se montrer extrêmement prudent et ne pas déranger inconsidérément les oiseaux, surtout à la saison des nids. En particulier, il ne doit absolument pas modifier l'aspect des environs sans quoi les œufs ou les oisillons risqueraient de mourir. Il vaut donc mieux s'abstenir de photographier les oiseaux durant leur période de reproduction.

Pour identifier les oiseaux il est également nécessaire de posséder un livre contenant des illustrations précises et des indications sur les caractères que l'on doit s'attacher à observer (1). On peut également accompagner une personne déjà experte en la matière. L'important est de faire attention à cer-

▲ Kokako ou corneille caronculée (*Callaeas cinerea*)

tains détails tels que les dimensions, la silhouette, la coloration, la façon de se déplacer (en vol, à terre ou sur l'eau), la voix (chant ou cris), le paysage où se trouve l'oiseau et, bien entendu, la saison.

A cet égard, il est préférable, pour un débutant, de commencer à observer en hiver, car le nombre des espèces est moins élevé qu'au printemps. En faisant une rapide synthèse de tous ces points, et au fur et à mesure que l'expérience croîtra, on parviendra à identifier des oiseaux inconnus avec une facilité grandissante. Il est relativement aisé de comparer les dimensions à celles

(1) Par exemple *Tous les oiseaux d'Europe,* par Bruun et Singer, éditions Elsevier, 1973.

d'une espèce déjà connue, par exemple une mésange (bleue ou charbonnière), le moineau domestique, l'étourneau sansonnet, le merle noir, le pigeon domestique, la corneille noire, le faisan commun, le cygne. En ce qui concerne la silhouette il faut faire attention à la forme du corps, des ailes, de la queue, du bec et des pattes, en comparant toujours avec une espèce familière. Une bonne méthode, lente mais sûre, consiste à noter rapidement ce que l'on a vu et à chercher seulement ensuite dans un livre à quelle image correspond l'oiseau observé. On fera attention à la disposition des couleurs, aux taches qu'elles forment souvent sur telle ou telle partie du corps, à la présence de « sourcils », de marques sur les joues, le menton, etc. A cet égard, il est indispensable de bien connaître les termes employés par les spécialistes pour dési-

▲ Hoazin (*Opisthocomus hoatzin*)

gner les différentes parties du corps de l'oiseau et on les trouvera dans les guides d'identification. A côté de ces caractères purement morphologiques il convient également de noter les traits de comportement, c'est-à-dire les mouvements des pattes, de la queue, la façon de nager, de plonger, de s'envoler, la trajectoire du vol (rectiligne ou ondulée). Pour reconnaître les chants et les cris il est utile d'écouter un disque après l'observation, mais on peut aussi essayer d'enregistrer avec un petit magnétophone, ce qui facilitera les comparaisons ultérieures, car on aura un document sonore à sa disposition.

On peut observer des oiseaux partout, à la ville comme à la campagne, à la montagne ou en plaine, au bord des étangs, des rivières et des mers. Pour

▲ Vautours percnoptères (*Neophron percnopterus*)

les approcher plus facilement, il faut éviter de porter des vêtements de couleurs vives et préférer ceux qui se confondent plus ou moins avec la teinte générale de la saison (brun en automne, vert clair en été). En outre, on doit marcher lentement, ne pas faire de mouvements brusques, surtout quand on se trouve à proximité des oiseaux et notamment au bord d'un étang ou d'un marais. Il est également indispensable de se taire (si l'on est en groupe) et en tout cas d'éviter tout bruit intempestif. Bien entendu on emportera un carnet sur lequel on notera ce que l'on a vu (on peut évidemment faire des croquis qui faciliteront l'identification quand on sera rentré chez soi). Il est extrêmement important de noter toutes ses observations. La meilleure méthode consiste à recopier ces notes sur un cahier ou sur des fiches (dans ce dernier cas on consacrera une fiche à chaque espèce, mais on peut également adopter un classement par habitat).

Dans un livre sur l'observation et la protection des oiseaux (Bologna, 1974) je conseille l'emploi de fiches standardisées sur lesquelles on inscrit : **1.** le nom et le prénom de l'observateur ; **2.** le nom des accompagnateurs éventuels ; **3.** la localité où l'on a fait les observations (à ce sujet il est utile de se référer à une carte détaillée, par exemple en France celles de l'IGN au 1/25 000ème ou au 1/50 000ème) ; **4.** la date de l'observation (on précisera l'heure du début de l'observation et celle de la fin, la surface approximative de la zone parcourue au cours de l'excursion ou à tout le moins la longueur du trajet effectué) ; **5.** les conditions météorologiques et une description sommaire des milieux traversés (nébulosité, vent, température, pluie, visibilité, etc. ; type de végétation, relief) ; **6.** la liste des espèces observées (pour chacune on indiquera le nombre des « contacts » visuels et éventuellement le nombre approximatif des sujets observés). On ne manquera pas d'ajouter les remarques sur le comportement et les autres détails qui valent la peine d'être signalés. Bien entendu, on notera les nids que l'on aura repérés, mais, à ce sujet nous répéterons les consignes de prudence. Sous prétexte d'observer les oiseaux il ne faut pas les déranger, car on risque de provoquer l'abandon

▼ Kagou (*Rhynochetos jubatus*)

▲ Harpie (*Harpia harpyja*)

d'une couvée ou d'attirer l'attention d'un prédateur ou d'une personne mal intentionnée. Mieux vaut donc s'abstenir plutôt que de compromettre la réussite d'une nichée.

L'observateur doit se souvenir qu'il est aussi un protecteur comme le signale Cuisin dans une note au début du livre sur les nids et les œufs de S. Hoeher (1973) : « La recherche des nids ne doit pas être une activité systématique. L'examen — purement visuel — d'une ponte ne doit pas prendre plus de deux ou trois minutes et il faut surtout s'abstenir de forcer un oiseau couveur à quitter son nid, sinon on risque de le voir abandonner sa couvée. Il est fortement déconseillé de montrer un nid à plusieurs personnes, le dérangement causé pouvant devenir très vite insupportable à l'oiseau. Il ne faut pas modifier la position des herbes et des branches qui cachent le nid, le secret étant en effet une de ses meilleures protections. En revanche, l'exa-

▲ Jeunes pygargues à queue blanche (*Haliaeetus albicilla*)

men des nids peut être effectué après la saison de reproduction (à partir de septembre par exemple). Constituer une collection d'œufs à titre personnel est devenu inadmissible malgré les avis contraires de ceux qui, faisant preuve d'une mentalité retardataire, estiment que les rapports de l'homme et de la nature n'ont pas beaucoup varié depuis quarante ans. Photographier des œufs ou des nids exige non seulement une excellente technique mais plus encore un respect absolu de l'oiseau, de sa couvée ou de sa nichée. Photographier une ponte d'une espèce rare et sensible aux dérangements (hibou grand-duc, aigle royal, grand tétras, faucon pélerin, grue cendrée...) est désormais aussi répréhensible que tirer sur ces oiseaux avec un fusil. D'ailleurs, en Europe, nous possédons suffisamment de documents relatifs à ces oiseaux pour qu'il soit absolument superflu d'en ajouter d'autres au prix de l'abandon d'un seul nid.»

Engoulevent d'Europe
(*Caprimulgus europaeus*)
▶

Huppe fasciée (*Upupa epops*) ▶

Depuis un certain temps, à l'initiative du British Trust for Ornithology (Grande-Bretagne) et de la Vogelwarte Radolfzell (République Fédérale Allemande) on essaye de mettre au point des méthodes d'étude standardisées au niveau international en ce qui concerne la collecte des informations et, en 1971, des experts se sont réunis pour discuter de cette question au siège du B.T.O. à Tring (Hertfordshire). Ainsi, on a unifié les méthodes d'étude de la reproduction et l'on a préparé des fiches spéciales pour faciliter le travail des observateurs et celui des personnes qui exploitent les renseignements obtenus. A titre d'exemple, voici les différentes rubriques qui se trouvent sur les fiches utilisées pour recueillir les données relatives à la nidification : **1.** nom et prénom de l'observateur ; **2.** lieu de l'observation ; **3.** année ; **4.** espèce ;

5. situation du nid (sur un arbre, un rocher, à terre, etc.), altitude du site, caractère du milieu, etc. ; **6.** mensurations (prises après le départ des jeunes oiseaux : hauteur totale, profondeur de la coupe, diamètre interne et externe), description des matériaux employés, etc. ; **7.** circonstances de la découverte : a) nid en construction, b) nid contenant des œufs ou c) des petits ; **8.** date et heure de l'observation. Renseignements complémentaires : nombre d'œufs ou de jeunes oiseaux, présence d'un adulte en train de couver ou de nourrir les jeunes, etc.

Compter les oiseaux

De nos jours on accorde une importance de plus en plus grande aux recensements des populations aviennes car ils fournissent des renseignements extrêmement intéressants surtout quand il s'agit d'espèces directement menacées par les activités humaines. Les méthodes utilisées varient selon les lieux, la saison, et, bien entendu, les espèces. Mais toutes s'appuient sur deux principes essentiels, à savoir qu'il est nécessaire d'obtenir des informations sûres, qu'il s'agisse d'observations visuelles, acoustiques ou d'indices de présence d'une autre nature ; de plus il est nécessaire de délimiter d'une façon ou d'une autre la surface sur laquelle on procédera au recensement, de fixer la durée de ce dernier et notamment de prévoir suffisamment de visites si l'on étudie une population d'oiseaux nicheurs. On recense non seulement les oiseaux sur leurs lieux de reproduction mais aussi les oiseaux de passage et ceux qui sont en hivernage. Pour compter le nombre d'individus présents dans une troupe de canards, de limicoles ou d'autres espèces en migration, on se sert non seulement de jumelles et de télescopes mais aussi, quand cela est possible, de photographies aériennes. Les colonies de hérons, de sternes, d'oiseaux marins sont recensées en comptant de façon précise les nids occupés. Le Bureau International de Recherches sur la Sauvagine (BIRS) organise des recensements hivernaux qui sont effectués simultanément dans toute la partie occidentale de la région paléarctique en certaines localités particulièrement intéressantes (baies, grands plans d'eau, estuaires, etc.). Les observateurs doivent compter non seulement tous les canards mais aussi les différentes espèces de limicoles. A la suite de ces comptages, on a pu donner des indications détaillées sur le nombre des oiseaux d'eau qui hivernent dans la zone considérée.

Il est rare que les recensements soient vraiment exhaustifs et que l'on réussisse à compter tous les membres d'une même espèce (cette possibilité existe seulement si l'espèce a une distribution très restreinte et des effectifs peu importants). Le plus souvent, les résultats sont partiels, et l'on se contente d'un échantillonnage qui permette d'avoir une idée de la situation générale. Les recensements peuvent être absolus quand ils indiquent le nombre d'individus présents sur une surface bien définie ; ils sont relatifs quand ils donnent un pourcentage de la densité réelle qui demeurera inconnue. Pour recenser les oiseaux vivant dans des milieux «fermés» (bois, forêts, roselières), on emploie des méthodes assez élaborées. De nombreux ornithologistes les ont mises au point, essayées et utilisées. En France, il s'agit notamment de Jacques Blondel, de C. Ferry et de B. Frochot, dans d'autres pays de David Lack, S.C. Kendeigh, L.R. Dice et A. Enemar. En Italie, S. Frugis, F. Barbini et M. Fasola les ont appliquées avec succès. La plus courante des méthodes absolues est celle qui consiste à établir un plan du milieu étudié.

A chaque recensement, on indique la position des oiseaux vus ou entendus. On fait plusieurs décomptes au printemps en suivant toujours les mêmes lignes traversant le secteur choisi (appelé quadrat). On doit marcher très lentement, à vitesse constante, et travailler aux mêmes heures très tôt le matin. Cette méthode permet d'obtenir des résultats très précis (la marge d'erreur est estimée à 10 pour 100 seulement). En revanche la méthode des indices kilométriques d'abondance (IKA) est relative. L'indice obtenu exprime le nombre de couples d'une espèce observés sur un côté d'un itinéraire d'un kilomètre parcouru dans des conditions standardisées en ce qui concerne l'heure, la date et les conditions météorologiques. Les résultats obtenus par ces deux méthodes sont exploitables mathématiquement.

▼ Dindon domestique (*Meleagris gallopavo*)

Pages suivantes : troupeau de dindons ▶

Débutants, lisez ceci...

A celui qui commence à observer les oiseaux, nous donnerons quelques idées qui l'aideront à obtenir assez rapidement des résultats concrets : **1.** dresser un tableau de la présence des diverses espèces au cours de l'année dans la région où l'on se trouve ; **2.** analyser la migration de plusieurs espèces (noter les dates d'arrivée et de départ) ; **3.** observer quotidiennement ce qui se passe dans un nid (en tenant compte des recommandations de prudence que nous avons prodiguées précédemment sinon les observations ne dureront pas longtemps...) ; **4.** ramasser les pelotes de déjection des rapaces nocturnes ou d'autres oiseaux qui produisent ces boulettes (corbeaux, pies-grièches, hérons, guêpiers, goélands, etc.) et analyser leur contenu (crânes et autres os de petits vertébrés, élytres d'insectes, etc.) ; **5.** collectionner les plumes et les os trouvés au cours des promenades ; **6.** étudier la façon dont les oiseaux se nourrissent pendant la période de reproduction et leur comportement vis-à-vis de leurs congénères et des espèces voisines.

Les associations et revues ornithologiques

Pour élargir son horizon et accroître ses connaissances, il est recommandé de ne pas «rester dans sa coquille». Quelle que soit la discipline scientifique à laquelle on se consacre, il est intéressant d'entrer en contact avec d'autres personnes partageant la même passion pour discuter, se réunir, organiser des promenades ou des voyages. C'est de cette façon que l'on progressera car on pourra confronter ses observations avec celles des autres ; on profitera également des conseils des experts. De plus, l'appartenance à un groupe bien structuré permet de participer à des recherches qu'une personne isolée ne pourrait entreprendre.

Les résultats des observations effectuées sont publiés dans des revues ornithologiques dont nous ne citerons qu'un petit nombre. En Grande-Bretagne paraît *The Ibis* (publié par l'une des plus anciennes sociétés ornithologiques du monde fondée par Alfred Newton en 1858, la British Ornithologists' Union), *Bird Study* (organe du British Trust for Ornithology) et *British Birds* ; en Belgique, *Aves* et *Le Gerfaut* ; aux Pays-bas, *Ardea* et *Limosa* ; en Suisse, *Nos Oiseaux* et *Der ornithologische Beobachter* ; en France, *Alauda* et *L'Oiseau* et *la Revue Française d'Ornithologie* ainsi que de nombreux bulletins d'associations régionales dont on obtiendra l'adresse en écrivant au C.R.B.P.O, Muséum National d'Histoire Naturelle, 55 rue Buffon, 75005 Paris) ; en Allemagne paraissent *Journal für Ornithologie, Die Vogelvelt, Ornithologische Mitteilungen,* etc. ; en Espagne, *Ardeola* ; en Italie, *Rivista italiana di Ornitologia* et *Gli uccelli d'Italia* ; en Suède, *Var Fagelvarld* ; au Danemark, *Dansk Ornitologisk Forenings Tidsskrift* ; en Autriche, *Egretta* ; en République Démocratique Allemande, *Beiträge zur Vogelkunde* ; en Finlande, *Ornis Fennica* ; en Norvège, *Sterna* ; en Yougoslavie, *Larus* ; en Hongrie, *Aquila* ; aux Etats-Unis, *The Auk, The Condor, The Wilson Bulletin* et *Bird Banding* ; en Australie, *The Emu* et en URSS, *Ornitologia,* en Afrique du Sud, *The Ostrich* et au Japon, *Tori,* etc.

Fauvette à tête noire ▶
(*Sylvia atricapilla*)

▼ Jeune moineau cisalpin
(*Passer domesticus italiae*)

Avant qu'il ne soit trop tard...

La situation actuelle de la nature n'incite guère à l'optimisme. En effet, au nom du progrès économique, et pour accroître son confort, l'homme moderne pille les ressources naturelles et anéantit certaines richesses de façon irrémédiable. Il a cru qu'il pouvait se passer de la nature, mais il s'est lourdement trompé, et maintenant il s'aperçoit qu'il ne peut vivre sans elle, car il est soumis à ses lois. Il commence à comprendre que le gaspillage auquel il se livre ne saurait durer indéfiniment. Le mouvement en faveur de la conservation de la nature est issu de ces constatations, et son audience est désormais considérable, car il a prouvé que l'homme finirait par se détruire lui-même s'il persistait dans ses erreurs. De nos jours on peut dire qu'il n'existe plus aucune communauté naturelle qui n'ait subi directement ou indirectement l'influence dégradante de l'homme. C'est pourquoi dans certains cas on essaye de restaurer la situation originelle avant qu'il soit trop tard.

Les causes de l'anéantissement du patrimoine naturel sont nombreuses et vont de la destruction progressive de la végétation, source d'oxygène irremplaçable, recouverte de ciment ou de goudron, à la pollution aveugle de l'air, de l'eau, du sol et à l'extermination directe de certaines espèces animales par une chasse abusive. De nombreuses espèces d'oiseaux se sont éteintes à la suite d'interventions humaines. Nous n'en citerons qu'un exemple significatif, celui du pigeon migrateur (*Ectopistes migratorius*). Jadis, cette espèce était l'une des plus abondantes de toute l'avifaune nord-américaine. Mesurant quarante centimètres de long, cet oiseau avait une queue allongée, un plumage délicatement coloré, gris bleu sur le dessus du corps, blanchâtre dessous avec des reflets violets et pourpres sur les côtés du cou. Ce pigeon vivait en si grand nombre que, dit-on, ses troupes obscurcissaient la lumière

▼ Bécasse des bois (*Scolopax rusticola*)

du jour quand elles passaient au-dessus de la campagne. Au XIXe siècle, ses colonies reproductrices furent l'objet d'une chasse impitoyable, pratiquée avec tous les moyens possibles et imaginables, fusils, bâtons, feu, etc. Vers 1880, le pigeon migrateur commença à devenir rare ; entre 1910 et 1912 des hommes sensés firent plusieurs tentatives pour protéger l'espèce et l'empêcher de disparaître, mais il était déjà beaucoup trop tard. Le pigeon migrateur était condamné à l'extinction complète et en septembre 1914 le dernier spécimen encore vivant mourut au zoo de Cincinnati. C'était l'ultime survivant d'un petit groupe maintenu en captivité.

Beaucoup d'autres espèces ont disparu à la suite de la réduction de leur aire de distribution. C'est ce qui s'est passé notamment pour des oiseaux vivant sur des îles. La destruction du milieu sans lequel ils ne pouvaient subsister a été une autre cause de disparition. Plusieurs n'ont pas été observés depuis plusieurs années et, selon toutes possibilités, ont cessé de vivre maintenant. Ainsi, le pic à bec d'ivoire (*Campephilus principalis*) a été longuement étudié en 1942 par l'ornithologiste J.T. Tanner, qui montra qu'il subsistait encore en petit nombre dans les forêts de Louisiane, de Floride et de Caroline du Sud. Il vivait en couples qui, vraisemblablement, restaient unis plusieurs années et possédaient un territoire de six à huit kilomètres carrés. Il se nourrissait d'insectes xylophages (adultes et larves) présents dans les troncs des vieux arbres pourrissants. Cet oiseau se raréfia progressivement car on abattit les arbres âgés dont il ne pouvait se passer. On ne l'a pas vu depuis 1967, année où quelques sujets furent encore observés au Texas.

L'oiseau le plus rare du monde est selon toute vraisemblance, le faucon de l'île Maurice (*Falco punctatus*) qui bénéficie d'un programme de protection financé par le Fonds Mondial pour la Nature et mis en œuvre par le labora-

Jeune rouge-queue noir bagué ▶
(*Phoenicurus ochruros*)

toire d'ornithologie de l'université Cornell (Etats-Unis). Cette espèce est représentée par huit individus qui vivent sur l'île Maurice. L'ornithologiste Stanley Temple, directeur du programme de conservation, a réussi à capturer un couple et espère obtenir la reproduction en captivité pour pouvoir ensuite relâcher les petits dans la nature.

Il y a bien d'autres espèces en danger, par exemple le condor de Californie (*Gymnogyps californianus*), dont il ne reste que quarante ou cinquante exemplaires et la grue blanche américaine (*Grus americana*), dont la population mondiale comptait soixante-neuf oiseaux sauvages en 1977. Ce grand échassier niche dans le parc naturel du bison de forêt au Canada et, en automne, il migre vers le sud pour passer l'hiver dans une réserve du Texas, l'Aransas Wildlife Refuge. Pour sauver cette magnifique espèce qui pond deux œufs mais n'élève généralement qu'un seul petit, les ornithologistes sont intervenus en prélevant l'œuf non éclos pour le faire couver.

La pollution marine

Le *Torrey Canyon*, l'*Amoco Cadiz* sont des noms de navires qui font frémir les défenseurs de la nature tout autant que les Bretons. Les échouages de pétroliers, les accidents qui surviennent aux stations de forage sous-marin et les résidus de nettoyage des cuves à hydrocarbures rejetés par les navires sont actuellement les principales sources de la pollution marine.

Le nombre des oiseaux côtiers ou pélagiques tués par ce que l'on appelle les « marées noires » est très difficile à évaluer car on ne peut recenser les

▼ Colonie de mouettes tridactyles (*Rissa tridactyla*)

▲ Grand labbe (*Stercorarius skua*) attaquant un photographe

sujets qui disparaissent au large. En revanche, sur les côtes, on procède dans certains pays à des dénombrements réguliers, ainsi par exemple le nombre des victimes de l'accident du *Torrey Canyon* s'est élevé à 10 000 environ.

Parmi les espèces les plus sensibles à la pollution marine on compte les alcidés (pingouin torda, guillemots, macareux et mergules) ainsi que les manchots (par exemple dans la région du Cap et en Patagonie). Les cormorans, les macreuses, les eiders et autres canards marins subissent eux aussi de lourdes pertes.

Un oiseau «mazouté» est très généralement perdu, même si la surface salie semble peu étendue. En effet, outre la quantité de pétrole fixée sur ses plumes il arrive fréquemment que l'animal ingère le polluant. Le plumage collé perd ses qualités isolantes ; l'oiseau prend froid, se mouille, s'affaiblit et finit par mourir d'épuisement.

La destruction des oiseaux par le pétrole est probablement la conséquence la plus spectaculaire de la pollution marine, mais ne représente qu'une partie du phénomène. En réalité, de très nombreux animaux et végétaux, libres ou fixés et faisant partie des mêmes biocénoses sont empoisonnés et meurent. Le rétablissement des communautés naturelles littorales détruites par une pollution très grave peut exiger de 5 à 10 ans selon la nature du pétrole, la quantité déversée, la configuration des côtes et leur structure, l'existence de courants, l'amplitude des marées, etc.

Dans d'autres cas, les effets de la pollution disparaissent partiellement au bout de quelques mois.

Protéger la nature

C'est à la réalisation de cet objectif que travaille le Fonds Mondial pour la Nature, qui finance les projets retenus par l'UICN. Cet organisme, créé en 1961, prépare les opérations de conservation dans tous les pays. En ce qui concerne la protection des oiseaux, les réalisations pratiques sont nombreuses. On essaye de créer et de gérer efficacement des réserves dans les sites de grande valeur pour l'avifaune et dans les parcs nationaux. La réintroduction d'espèces dans les régions où elles existaient auparavant et d'où elles avaient disparu à la suite d'interventions humaines est une tâche extrêmement difficile dont le succès, mis à part quelques exceptions, est tout à fait problématique si l'on n'a pas éliminé les causes de disparition. La reproduction en captivité d'espèces rares en vue de les lâcher dans la nature est une activité qui doit être sévèrement contrôlée pour éviter abus et trafics. Plus simplement il est possible de remédier à certaines transformations du milieu en plantant des espèces végétales dont les graines ou les fruits sont consommés par des oiseaux. Un contrôle rigoureux des activités cynégétiques est absolument nécessaire.

Les tentatives de réintroduction doivent se fonder sur des études préalables concernant les raisons de la disparition, car il est inutile de lâcher une espèce dans une région si les facteurs responsables de sa disparition n'ont pas été éliminés. On a essayé de réintroduire des oiseaux en différentes parties du monde. En Europe, le vautour fauve dans le massif central avec l'aide du WWF, le balbuzard en Grande-Bretagne, le gypaète barbu en Haute-Savoie avec le concours du ministère de l'Environnement, le hibou grand-duc en Allemagne, sont quelques-unes des espèces rares que l'on a tenté de rétablir dans des régions où elles avaient cessé de vivre.

Une réintroduction comprend au moins quatre phases principales, comme l'ont signalé les spécialistes Colin H. Holloway et Hartmut Jungius. On doit d'abord déterminer de façon très précise les exigences écologiques de l'espèce et connaître son comportement. Il faut ensuite étudier le milieu où l'on envisage la réintroduction pour savoir s'il conviendra parfaitement. En outre, il est nécessaire de choisir avec soin les oiseaux que l'on veut relâcher (nombre, sous-espèces, etc.). Enfin, le lâcher doit être effectué suivant une technique rigoureuse, et il faut contrôler les oiseaux libérés. Holloway et Jungius signalent également que l'expérience acquise à la suite des essais effectués jusqu'à présent montre qu'il peut être indispensable d'attendre de cinq à vingt ans avant de dire qu'une réintroduction est parfaitement réussie. L'ornithologiste E. Herrlinger a rapporté qu'entre 1956 et 1972 on avait relâché 222

Albatros à sourcils noirs ▶
(*Diomedea melanophris*)

▼ Grèbe huppé
(*Podiceps cristatus*)

hiboux grands-ducs en Allemagne. Plus du tiers furent retrouvés morts ou blessés, la plupart dans les mois qui suivirent le lâcher. On observa aussi que les oiseaux se dispersaient largement puisque certains furent retrouvés à trois cents kilomètres de l'endroit où ils avaient été libérés.

Une autre méthode destinée à favoriser l'installation des oiseaux est la mise en place de nids artificiels et de nichoirs. Depuis de nombreuses années elle est très en vogue dans plusieurs pays, notamment en Allemagne et en Grande-Bretagne, mais elle est aussi employée en France, en Italie et ailleurs encore. Les nichoirs augmentent les chances de nidification de plusieurs espèces qui ont l'habitude de s'installer dans des cavités et qui vivent dans des milieux où les sites favorables sont devenus rares par suite du mode d'exploitation des forêts qui exige un renouvellement rapide des peuplements. Il y a de nombreux modèles de nichoirs adaptés à telle ou telle espèce, et la façon de les construire et de les placer est décrite en détail dans plusieurs livres et plus particulièrement dans un guide publié par le British Trust for Ornithology (Flegg et Glue, 1974). Les nichoirs ont la forme d'une boîte aux lettres et conviennent pour les mésanges, le gobe-mouches noir, le rouge-queue à front blanc. On pourra construire un modèle plus rustique, fort justement appelé «nichoir-bûche» en utilisant un tronc d'arbre de faible diamètre. D'autres modèles ont été conçus pour les oiseaux qui nichent dans des creux de mur (nichoir demi-boîte à grande ouverture) comme la bergeronnette grise, le gobe-mouches gris et parfois même le rouge-gorge. Le faucon crécerelle, la chouette hulotte, la chevêche s'installent volontiers dans des boîtes beaucoup plus spacieuses. Enfin, on a mis au point des nichoirs pour hirondelles et martinets. On favorise également la reproduction de certains oiseaux aquatiques en leur offrant des emplacements ou des nids artificiels. Ainsi, on

▼ Groupe de goélands et de mouettes cherchant leur nourriture

place des paniers en osier tressé pour les canards, on crée des îlots artificiels à l'intention des grèbes, des oies, des canards, des râles, des sternes...

Enfin, on prépare également des supports destinés à faciliter la nidification des oiseaux rapaces. Björn Helander de la société suédoise pour la protection de la nature a dit que dans son pays certaines de ces plates-formes étaient occupées par des aires de pygargue à queue blanche. Roger Tory Peterson a signalé qu'aux Etats-Unis ces assemblages de planches étaient utilisés avec succès pour permettre au balbuzard fluviatile de construire son nid. En Italie, on essaye aussi de placer des nids artificiels pour favoriser la reproduction des oiseaux rapaces et en 1975 l'ornithologiste Fabio Perco a révélé que dans les Alpes orientales un couple d'autours avait adopté une aire de ce genre.

Depuis des siècles, en Alsace, les agriculteurs offraient des emplacements de nidification aux cigognes blanches en plaçant sur le toit ou une cheminée désaffectée de leurs maisons une roue de voiture ou un bâti de planches destinés à maintenir le nid. Ces supports ont été très souvent acceptés. Depuis une vingtaine d'années, le spécialiste Alfred Schierer préconise l'élevage de cigognes libres ou semi-libres dans des enclos, afin d'essayer d'enrayer la disparition presque complète de cette espèce dans la région. Des nids artificiels placés sur des maisons ou des poteaux leur sont présentés. Le but final de l'opération est d'inciter les cigognes à devenir sédentaires, car leur raréfaction en Alsace et dans le Pays de Bade semble due pour une large part aux destructions subies dans les lieux d'hivernage en Afrique occidentale. Ainsi, il y a de multiples façons de protéger les oiseaux et d'empêcher la disparition des espèces les plus menacées. Mais pour que ces efforts aient une plus grande portée il est indispensable que tous les hommes se rendent compte de la gravité des problèmes que suscite la conservation de la nature.

Classification

L'introduction d'un ordre logique

Les savants ont toujours ressenti le besoin de classer les organismes vivant à la surface de la Terre, c'est pourquoi ils ont proposé des classifications applicables aux représentants des deux grands règnes de la nature. Ces systèmes se fondent sur des critères logiques et expriment les résultats des études scientifiques. Celui qui est actuellement employé par les zoologistes pour nommer les différentes espèces animales a été mis au point par le naturaliste suédois Charles Linné (Carolus Linnaeus) dans la dixième édition de son *Systema Naturae* paru en 1758. Dans ce livre, Linné énumérait toutes les espèces végétales et animales qu'il connaissait et qu'il avait décrites, et il leur donna un nom scientifique formé de mots latins ou latinisés. Ce nom comprend deux mots, le premier, qui commence toujours par une majuscule, est le nom du genre auquel appartient l'animal, tandis que le second, qui commence toujours par une minuscule, est le nom de l'espèce. Ces principes sont restés en vigueur jusqu'à nos jours. Tous les êtres vivants actuellement connus possèdent donc un nom scientifique qui a une valeur universelle, alors que les noms locaux ne sont compris que dans un seul pays ou même

une seule région. Par exemple, le balbuzard fluviatile ou pêcheur est appelé falco pescatore en Italie, osprey en Grande-Bretagne, Fischadler en Allemagne, aguila pescadora en Espagne, visarend aux Pays-Bas, fiskgjusc en Suède, etc., mais dans tous les pays du monde il porte le même nom scientifique *Pandion haliaetus.* La nomenclature binaire est employée par tous les savants. Comme on l'a dit au premier chapitre, les progrès des connaissances ont conduit les spécialistes à donner une définition dynamique, concrète et biologique de l'espèce : celle-ci correspond à un ensemble d'organismes vivants. En revanche, le genre est une entité artificielle formée d'une ou plusieurs espèces possédant des affinités phylogénétiques étroites. Dans son *Systema Naturae,* Linné avait décrit 4 236 espèces animales. Depuis lors, la zoologie a progressé à pas de géant, puisque l'on connaît actuellement plus d'un million d'espèces vivantes.

Cette multiplication a conduit les spécialistes à établir au niveau international un ensemble de règles précises concernant la nomenclature scientifique. Ainsi, en 1898 ils ont décidé de créer une commission internationale permanente pour la nomenclature scientifique. Au fil des ans, cette institution a

rédigé un code international de nomenclature zoologique auquel on se réfère pour toute question relative aux noms scientifiques. Certaines normes créées par cette commission méritent d'être connues. La nomenclature relative aux animaux est indépendante de celle des plantes. Bien qu'il puisse y avoir des noms d'animaux identiques à des noms de plantes, cette synonymie doit être évitée.

On forme les noms de familles en ajoutant la désinence *-idae* au radical du nom de genre, celui des sous-familles en ajoutant la désinence *inae* (-idé et -iné sont des désinences francisées). La règle de priorité énonce que les noms de genre et d'espèce des animaux sont ceux que Linné avait proposés dans sa dixième édition du *Systema Naturae* ou ceux qui ont été employés pour la première fois depuis l'année de parution de cet ouvrage (1758). Ils doivent être accompagnés d'une description précise de l'animal. Le nom du savant, auteur de cette première description, suit le nom scientifique de l'espèce et est lui-même suivi par l'indication exacte de l'année où elle a été faite. Par exemple, le nom scientifique du fuligule nyroca (canard nichant en Europe, en Asie et au Maghreb) est *Aythya nyroca nyroca* (Güldenstädt) 1769. Ce nom se compose de trois parties, le nom de genre, le nom d'espèce et le nom de la sous-espèce. Le nom de l'auteur est placé entre parenthèses car au moment où Güldenstädt décrivit l'oiseau pour la première fois, il le plaça dans un genre différent de celui où il se trouve actuellement. S'il lui avait donné le nom de genre en vigueur de nos jours il n'y aurait pas de parenthèses. La classification a pour but de préciser les rapports génétiques existant entre les différentes espèces vivantes et non vivantes et de placer celles-ci dans un ordre logique. Différentes catégories de plus en plus restreintes et ayant une valeur hiérarchique ont été prévues pour exprimer ces relations : règne, embranchement, classe, ordre, sous-ordre, famille, sous-famille, genre, espèce et sous-espèce.

▼ Sarcelles du Cap (*Anas capensis*)

Aigrette garzette américaine (*Egretta thula*) ▶

De nos jours on continue à décrire de nouvelles espèces d'oiseaux, car toutes ne sont pas encore connues. Ainsi, entre 1971 et 1974, on n'en a pas décrit moins de onze. Parmi elles, une seule a été découverte dans la région paléarctique. Il s'agit de *Locustella amnicola,* sorte de fauvette trouvée sur l'île Sakhaline en Sibérie orientale. Les dix autres espèces sont : un martinet du Pérou, *Cypseloides phelpsi,* un coerébiné *Conirostrum tamaraguensis* vivant au Chili, un tangara du Pérou *Hemispingus parodii,* un parulidé de Porto-Rico *Dendroica angelae,* un turdidé de Madagascar *Monticola bensoni,* deux bulbuls du Zaïre *Phyllastrephus apperti* et *Andropadus hallae,* et deux viduidés *Hypochera lorenzi* (Nigeria) et *Hypochera incognita* (Angola). En 1975 on a découvert un nouveau drépanididé sur l'île Maui de l'archipel des Hawaii, *Melamprosops phaeosoma,* et la même année une alouette africaine, *Mirafra sidamoensis.* Enfin, en 1976, on a découvert en Algérie une sittelle inconnue auparavant, *Sitta ledanti.* Malheureusement, certaines espèces découvertes récemment sont menacées de disparition, en particulier celles qui ont une distribution limitée et des exigences écologiques très particulières.

La systématique, ce n'est pas ennuyeux...

Bien que la systématique puisse apparaître comme une des branches les moins intéressantes de la zoologie (de nombreuses personnes pensent en effet qu'il s'agit d'une discipline très ennuyeuse !), il n'en demeure pas moins qu'il s'agit d'une science de synthèse extraordinairement dynamique puisqu'elle cherche à faire la lumière sur les affinités entre les divers groupes d'êtres vivants. Dans le premier chapitre, nous avons vu comment l'idée d'espèce reflète ce désir de dresser un tableau de l'histoire évolutive qui rende

▼ Héorotaire rouge (*Vestiaria coccinea*)

Soui-manga sud-africain (*Anthobaptes violacea*) ▶

Ordres d'oiseaux

compte des affinités phylogénétiques. Les méthodes employées par les systématiciens ne consistent pas seulement en une étude des caractères morphologiques et anatomiques qui séparent les espèces. De nos jours ces spécialistes font appel à des sciences connexes et à des techniques modernes (paléontologie, écologie, éthologie, biochimie, physiologie, etc.) pour connaître les ressemblances et les caractères distinctifs. Parmi les méthodes employées tout dernièrement il convient de signaler l'étude des propriétés immunologiques des globules rouges du sang conduite par Danilo Mainardi. Ces recherches ont montré qu'il y avait davantage d'affinités entre les ordres des phoenicoptériformes et des ciconiiformes qu'entre les phoenicoptériformes et les ansériformes. Compte tenu d'autres différences il est donc impossible d'assimiler les phoenicoptériformes à l'un ou l'autre de ces ensembles qui en sont pourtant très proches. D'autres travaux importants, motivés par la même préoccupation, ont été entrepris par les Américains G.C. Sibley et J.E. Ahlquist, qui ont étudié les protéines du blanc d'œuf par le procédé de l'électrophorèse. Après avoir examiné l'albumen des œufs de nombreuses espèces, ils ont constaté qu'il y avait davantage d'affinités entre les vautours américains (famille des cathartidés), les vautours et les aigles de l'Ancien Monde (famille des accipitridés) qu'entre les premiers et les véritables faucons (famille des falconidés). Ces études ont confirmé les renseignements fournis par la paléontologie, d'après lesquels les cathartidés auraient eu leur foyer d'origine dans l'Ancien Monde.

Dans certains cas, l'étude du comportement s'est révélée très utile pour éclairer les rapports entre plusieurs espèces, bien que l'interprétation soit parfois délicate. E.C. et N.E. Collias par exemple ont classé les différentes espèces de tisserins (petits passereaux) d'après le degré de complexité de la technique qu'ils emploient pour construire leur nid.

Il ne faudrait pas croire que ces méthodes modernes aient enlevé toute leur valeur à l'étude de l'anatomie et de la morphologie. Après avoir étudié la musculature de la région céphalique, la forme du bec et de la langue, le plumage, et avoir tenu compte de divers comportements, l'ornithologiste W. Beecher a proposé une classification du sous-ordre des oscines (division des passériformes) et a précisé les affinités des différents groupes. Enfin, signalons que pour certains travaux de systématique on tient compte des différentes modalités de la reproduction, de l'aspect des jeunes et de celui des œufs.

Index

Les chiffres en caractères gras renvoient aux illustrations.

accenteur mouchet **148**
aérodynamisme 36-38
aigle martial **72**
aigle royal **66 67**
albatros hurleur **9**
Alectura lathami **123**
anatidé **149**
anhinga **104**
Anser anser **88**
appareil nerveux 64-65
aptéryx **68**
Apteryx australis **68**
Apus apus **83 94**
Aquila chrysaetos **67**
Ara ararauna **128**
Ara macao **128**
aracari **102**
Archaeopteryx lithographica **13 15**
Archilochus colubris **97**
Ardea cinerea **93**
Ardea purpurea **92 134**
Artamus superciliosus **95**
autruche **10**
avocette **124**

bécasse **65**
bergeronnette grise **91**
bernache à cou roux **126**
blongios nain **136**
bréchet **79**
bruant **102**

cacatoès à huppe jaune **81**
calaos à bec jaune **59**
Calypte costae **8**
canard **38**
canard colvert **41 149**
Cariama cristata **50**
cariama huppé **50**
casoar à casque **21**
Casuarius casuarius **21**
chant 76-77
chardonneret **149**
chevalier combattant **132**
chouette effraye **109**
chouette elfe **87**
Ciconia ciconia **84**
cigogne blanche **84**
circaète **110**
Circaetus gallicus **110**
circulation du sang 90-94
colibri **8 36 41 82**
colibri à tête noire **97**
Columba palumbus **133**
condor de Californie **71**
coq domestique **115**
corbeau **127**
corbeau freux **127**
cormoran **41**
Cosmerodius albus **20**
coucou gris **150**
coureur des routes **85**
cris 76-77
cygne tuberculé **40 41 66**
Cygnus olor **40**

Dendrocopus **46**
Dendrocopus major **46**
Diatryma **17**
digestion 52-57
Diomedea exulans **9**
Dromiceius novaehollandiae **21**

échasse à cou noir **146**
élimination des déchets 58
émeu **21**

faisan commun **41**
faucon **65 102**
faucon pélerin **41**

fider **148**
flamant rose **53**
foulque **149**
foulque noire **41 147**
Fratercula arctica **101**
Fregata minor **122**
frégate **122**
fulmar **42**
Fulmarus glacialis **42**

Gallus **115**
Gavia arctica **48**
Geococcyx californianus **85**
goéland argenté **41**
grande aigrette **20**
grand podarge **90**
gravelot **148**
grue **79**
guacharo **73**
guêpier d'Europe **105**
guêpier écarlate **51**
guifette noire **148**
guillemot à miroir **41**
Gyps fulvus **25**

Haematopus astralegus **120**
harfang des neiges **87**
héron **103**
héron cendré **41 93**
héron pourpré **92 134 135**
Hesperornis **16**
hibou **65**
hibou grand duc **66**
Himantopus mexicanus **146**
hirondelle de cheminée **112 139**
Hirundo rustica **112 139**
huîtrier-pie **120**
Hydrobates pelagicus **71**

ibis falcinelle **102**
Ichthyornis **16**
Ixobrychus minutus **136**

jabiru du Sénégal **102**

Kakatoe galerita **81**
kiwi **68**

langrayen à sourcils blancs **95**
linotte mélodieuse **149**
locustelle luscinioïde **149**
Lophoceros flavirostris **59**
loriot de Chine **89**
loriquet australien **45**

macareux moine **101**
manchot Adélie **44**
martinet noir **83 94**
merle noir **41 77**
Merops apiaster **105**
Merops nubicus **51**
métabolisme 78-89
Micropallas whitneyi **87**
moineau **62 65**
Motacilla alba **91**
musculature 36-38

nandou **21**
nidification 114-127 135-152
nourriture 101-113
Nyctea scandiaca **87**

odorat 70-74
œuf 63-64
oie cendrée **88**
oiseau actuel **15**
Oriolus chinensis **89**
ouïe 64-70
oviparité 60

paon **117**
parade nuptiale 128-134
passereau **77**
passereau insectivore **102**
Pavo cristatus **116**
Pelecanus onocrotalus **22 100**
pélican **102**
pélican blanc **22 100**
perruche **74**
pétrel tempête **71**
Philomachus pugnax **132**
Phoenicopterus ruber ruber **53**
Phororhacos **17**

pic **46**
pie épeiche **46**
pie bavarde **41**
pigeon **86**
pigeon ramier **133**
plongeon arctique **48**
plumage 49-52
Podargus strigoides **90**
Polemaetus bellicosus **72**
poule **62 114 145**
poussin **114 144 145 147**
puffin des anglais **42**
Puffinus puffinus **42**
pygargue **80**
Pygoscelis adeliae **44**

Ramphastos sulfuratus **111**
Recurvirostra avosetta **124**
reptile du trias **14**
respiration 94-98
Rhea americana **21**
rossignol **148**
rouge-gorge **79**
rousserolle effarvatte **150**
rubis de la Caroline **97**

Sagittarius serpentarius **113**
Saltoposuchus **14**
secrétaire **113**
serpentaire **113**
sexualité 60-63
Steatornis caripensis **73**
sterne Pierre-Garin **148**
Struthio camelus **10**

talégalle de Latham **123**
température 78-89
territoire 119-127
Tetrao urogallus **119**
tétras **119**
Tichodroma muraria **41**
tichodrome échelette **41**
toucan à bec caréné **111**
traquet pâtre **148**
Trochilus polytmus **97**
Tyto alba **109**

vautour **106**
vautour fauve **25**
vol 38-48
vue 64-68

Remerciements

L'auteur adresse ses plus vifs remerciements au professeur Sergio Frugis de l'Institut de Zoologie de l'Université de Parme et au professeur Augusto Vigna Taglianti de l'Institut de Zoologie de l'Université de Rome qui ont fait bénéficié cet ouvrage de leurs très précieux conseils.

Références iconographiques

Dessins

Les dessins du présent ouvrage ont été réalisés par Sergio Rizzato, à l'exception de ceux dont la liste suit :
Piero Cozzaglio, Brescia : 14-15, 34, 35, 102, 111. Ugo Fontana, Firenze : 9, 20, 21, 42, 48, 50, 51, 68, 71a, 80, 84, 96, 99, 104, 105, 113, 118, 123, 146, 156, 157, 201, 210, 213, 214, 225, 226, 241b, 245. Raffaello Segattini, Vérone : 16-17, 36-37, 46, 56, 62, 66, 79a, 86, 166, 167, 169, 172b.

Photographies

A.W. Ambler, National Audubon Society, Inc., New York : 139. Archives Mondadori, Milan : 13, 172h, 198-199 ; Walter Bonatti : 106-107 ; Mario De Biasi : 242-243 ; Giorgio Lotti : 67. Ardea Photographics, Londres : Clem Haagner : 193 ; Peter Steyn : 249 ; Wardena Weisser : 8. D. Bartlett/Bruce Coleman, Uxbridge, Inghilterra : 22-23. F. Carrese, Milan : 79b, 235b. Gastone dalle Vacche, Livourne : 221. André Fatras, Paris : 47, 91, 92, 136, 148, 149, 158. Jacana, Paris : Bel et Vienne : 110, 117 ; Brosselin : 124b, 176, 197, 237 ; Brosset : 122 ; Chevalier : 134 ; de Klemm : 72, 246 ; Dubois : 133, 215 ; Fatras : 227, 238 ; Metais : 141 ; Rebouleau : 124h ; Renaud : 93, 149c ; Robert : 151, 229 ; Roux : 165 ; Solaro : 25 ; Souricate : 144-145 ; Suinot : 44 ; Thibout : 10 ; Tollu : 241h ; Varin : 127b, 247 ; Vielliard : 138 ; Visage : 82, 103, 148cg, 162-163. Magnum Photos, Paris : 228. Aldo Margiocco, Gênes : 224. Giuseppe Mazza, Milan : 114, 115, 148bd. Mario Pasotti, Garda (Vérone) : 144. Lino Pellegrini, Milan : 194-195. Pictor, Milan : 184-185, 210, 232-233. G. Pizzey/L.H. Newman's N.H.P.A., Westerham, Inghilterra: 74-75. Luisa Ricciarini, Milan : Giuliano Cappelli : 135, 149bd, 208-209 ; Nino Cirani : 182-183 ; R. Longo : 140, 175a ; Sandro Prato : 142-143, 187 ; Angelo P. Rossi : 83, 94, 220-221. Fulvio Roiter, Venise : 129. Ina Watson, Victoria, Australie : 45.